꼬리에 꼬리를 무는 그날 이야기

일러두기

- 본문에서 사용한 참고 자료를 표시할 때 단행본은 『』, 저널·신문은 《》, 영화·음악·방송 프로그램 등은 〈〉로 구분하여 표기하였습니다.
- 책에 나오는 표기는 원칙적으로 현대 한국어의 표준어 규정을 준수하였으나 일부 녹취·구술·기록 자료에 한하여, 시대상을 반영할 수 있는 원어를 그대로 사용하였습니다.
- 사진 및 자료를 제공하여주신 기관 및 관계자의 협조에 감사드립니다. 자료 이용을 위해서 연락을 시도하였으나 연락이 닿지 않은 일부 도판에 대해서는, 회신이 오는 대로 추가적인 허가 절차를 밟도록 하겠습니다.

SBS 〈꼬리에 꼬리를 무는 그날 이야기〉 제작팀

꼬리에 꼬리를 무는 그날 이야기

장도연·장성규·장항준이 들려주는 가장 사적인 근현대사 실황

동아시아

추천의 글

〈꼬리에 꼬리를 무는 그날 이야기〉 시즌 1부터 이야기꾼 역할을 하면서, 나 또한 시청자들과 함께 많은 것을 알아가고 있다. 여기서 다루는 이야기는 미스터리 스릴러보다 기이하고 웬만한 드라마보다 더 극적이기까지 하지만, 이러한 서사적 재미보다 더 중요한 것은, '그날'의 이야기가 우리가 반드시 기억해야 할 역사라는 점이다. 표면적 사건의 이면에 버젓이 존재하는, 꼬리에 꼬리를 무는 정치·사회·문화적인 맥락 속에서 잊혀서는 안 되는 진실 말이다. 이런 귀한 경험을 선사해준 제작진들의 노력이 책으로 묶여 나오게 되어 정말 기쁘다.

- 코미디언 장도연

"이거 실화냐?"를 외칠 수밖에 없는 기구한 사연들. 어디서 들어본 듯하지만 자세한 내막은 몰랐던 그날의 이야기. 기가 막힌 이야기들 속에 기가 막힌 시대의 모습이 보인다. 우리가 만들어낸 이야기는 훗날 어떤 의미로 남을까? 빠져들듯 읽다 보면 어느새 우리의 모습을 되돌아보게 되는, 이야기로 그려낸 대한민국의 자화상!

- 아나운서 장성규

당신이 몰랐던 '그날', 과연 무슨 일이 있었던 걸까? 이제는 잊히고 만, 기묘하고 흥미진진한 사건의 한 자락을 펼쳐서 파헤치는 본격 역사 미스터리 스릴러. 우리에게 일어난 충격적인 사건들의 뒤에는 희로애락과 미스터리가 꼬리를 물고 이어지며 뒤엉킨다. 청춘 시절 나의 눈과 귀를 잡아끌던 현대사의 뜨거운 순간들이 여기 모두 담겨 있어.

- 영화감독 장항준

들어가며

〈꼬리에 꼬리를 무는 그날 이야기〉(이하 꼬꼬무)가 책으로 나왔다. 꼬꼬무는 2020년부터 SBS에서 방영되고 있는 프로그램이다. 대한민국을 뒤흔들었던 '그날'의 사건을 세 명의 이야기꾼(코미디언 장도연, 아나운서 장성규, 영화감독 장항준, 일명 장트리오)이 이야기 친구에게 일대일로 이야기해주는 형식을 취하고 있다. 시즌 1까지 방송되었던 열세 편의 에피소드 중 일곱 편이 이번에 단행본으로 출간됐다.

이웃한 사람들에게 아무 영향도 주지 않고 받지도 않으며 세상에 홀로 존재하는 인간이 없듯, 사건 또한 마찬가지다. 어느 시대의 어떤 사건은 이전의 어떤 사건으로 인해 잉태되었고, 다시 다음 시대의 어떤 사건에 필연적으로 개입한다. 씨앗이 된다. 그리하여 역사는 꼬리에 꼬리를 물고 이어진다. 역사책에 한두 줄로 무미건조하게 정리된 사건은 꼬리를 물고서야 비로소 온전히 모습을 드러낸다. 그런 흐름을 담고자 했다.

그리고 사건의 중심에는 여지없이 '사람'이 있다. 그가 어쩌다 그 사건의 복판으로 들어가게 됐는지, 시대적 상황과 어떻게 작용-반작용을 하면서 그러한 결말에 이르게 되었는지, 그래서 결국 어떤 성장을 하게 됐는지를 들여다보고 싶었다. 객관적인 시점이 아니라 주관적인 시점을 얻고자 했다. 시험을 보기 위한 역사 공부가 아니라면, 단순히 지적 호기심을 채우기 위함이 아니라면, 사건에 연루된 개인의 주관적 이야기여야 비로소 오늘 다시 그 사건을 반추하는 의미가 있지 않을까. 그래야 오늘의 내가 한 뼘 더 성장하지 않을까. 말 그대로, 아주 사적인 근현대사를 이야기하고 싶었다. 독자에게도 그런 이야기로 다가가길 바란다.

기본적으론 주관적이되, 시대적 배경이나 사건의 디테일, 등장인물에 대한 정보 등은 철저한 자료 조사를 통해 사실이 왜곡되지 않도록 최선을 다했다.

역사는 따분하고, 고루하며, 교조적이라는 친구들이 많다. 학창 시절, 달달 외워 시험을 쳤던 기억 때문이리라. 역사는 그렇게 우리의 손을 떠났다. 부디 〈꼬꼬무〉를 통해 과거를 읽는 재미가 복원되길 소망한다. 그 재미가 가족의 저녁 식탁에서, 친구와의 술자리에서 꼬리에 꼬리를 물고 이어지길 소망한다.

2021년 봄 서울 목동 SBS 편집실에서
〈꼬리에 꼬리를 무는 그날 이야기〉 제작팀

보호받아야 할 정조, 보호받을 수 없는 정조

카사노바 박인수 사건

나는 모든 여성을 두고 이성적인 존재인 대신에 정숙한
숙녀인 양 이야기하는 것이 듣기 싫다. 우리 중 누구도 평생
고요한 물속에서 살기를 원하지 않는다.

— 제인 오스틴 Jane Austen, 『설득 Persuasion 』 중

순결의 확률은 70분의 1

때는 1955년 봄이야. 20대 해군 대위가 고급 댄스홀^{dance hall}을 휘젓고 다니면서 뭇 여성들을 농락하고 다닌다는 첩보가 검찰에 들어왔어. 검찰은 수사 끝에 문제의 인물을 찾아냈지. 이름은 박인수, 나이는 스물여섯 살이야. 확인해보니 소문대로 문어발식 연애 중이었어. 상대 여성들은 모두 자기가 박인수랑 결혼을 약속한 사이라고 생각했고, 잠자리도 했대. 당연히 여성들은 자신이 박인수의 유일한 정혼자라고 생각했지. 박인수 스스로 본인이 여러 여자를 동시에 만나고 있다고 솔직히 말했을 리가 없잖아.

거짓말은 그뿐이 아니었어. 그는 현역 군인조차 아니었거든. 6·25전쟁 때 입대해서 해군 대위까지 진급하긴 했지만, 탈영으로 불명예제대를 했어. 그러니까 댄스홀에 출입하면서 여자들을 만날 때는 예전 신분증을 보여준 거야. 명백한 사칭이지. 검찰은 박인수를 공무원 사칭과 혼인빙자간음 혐의로 구속했어. 검찰 공소장에 적힌 피해자는 30명이었는데, 실제로는 70명이 넘었다는 얘기도 있어. 그것도 1년 동안 만난 여성의 숫자야. 바람둥이의 대명사, 카사노바Giacomo Girolamo Casanova가 40여 년 동안 132명의 여성을 만났으니까, 박인수가 그보다 더한 바람둥이인 셈이지.

이 남자가 박인수야. 어때, 훈남이지? 176cm의 훤칠한 키, 짙은 눈썹에 오뚝한 콧날, 날카로운 턱선…. 머리는 포마드 기름을 발라 넘긴 멋쟁이야. 게다가 화술이나 매너도 좋았다는 거야. 하지만 무엇보다 가장 큰 매력 포인트는 춤 실력이었어. 상대 여성들도 대부

한국의 카사노바 박인수. SBS〈꼬리에 꼬리를 무는 그날 이야기〉자료 화면.

분 댄스홀에서 만났거든. 당시는 사교댄스 붐이 일던 시절이라 그는 해군 복무 시절에 익힌 사교댄스 실력으로 여성들에게 어필했지. 피해자 중에는 여대생들과 고위 관료의 딸들이 포함돼 있어서 사람들이 더 놀라기도 했대.

파렴치한 호색한의 재판에 사람들의 관심이 집중됐지. 방청권을 미리 배부했지만 의미가 없었어. 재판정에 인파가 들이닥쳐서 유리창이 깨지고 곳곳에서 "사람 살려!" 하는 비명이 터져 나올 정도였지. 법원이 그야말로 아수라장이 된 거야. 1만 명이 넘는 방청객이 구름처럼 몰려드는 바람에 무장한 기마경찰대가 출동하고, 급기야 공판이 연기되기도 했대. 세간의 이목을 끌던 그 재판에서 박인수는 혼인빙자간음 혐의를 부인했어.

결혼을 약속한 적이 없고 여자들이 제 발로 따라왔다. 댄스홀에서 함께 춤을 춘 후에는 으레 여관으로 가는 것이 상식화되어 있었으므로 구태여 마음에도 없는 결혼을 빙자할 필요가 없었다.

잠자리를 가지려고 여성들에게 굳이 결혼을 약속할 이유가 없었다는 거야. 하지만 그뿐만이 아니었어. 이어진 그의 발언이 훨씬 더 큰 파장을 불러왔어.

카사노바 박인수 사건

내가 만난 여성 중 처녀는 미용사 한 명뿐이었다.

자신이 만난 여자 중에 진짜 처녀는 단 한 사람밖에 없었다는 거지. 그러니까 혼인빙자간음죄가 아예 성립하지 않는다고 주장한 거야! 이 말은 두고두고 세간에 회자되면서 큰 논란을 불러일으켰어.

> 형법 제304조. 혼인을 빙자하거나 기타 위계로써 음행의 상습 없는 부녀를 기망하여 간음한 자는 2년 이하의 징역 또는 500만 원 이하의 벌금에 처한다.[*]

혼인빙자간음이란 건 결혼을 미끼로 부녀婦女를 간음하는 거잖아. 부녀 중에서도 '음행의 상습 없는 부녀'. '상습常習'은 알다시피, "상습적"이라고 말할 때의 그 '상습'이야. 늘 하는 버릇이라는 뜻이지. 그러면 '음행淫行'은 무슨 뜻일까? 국어사전에서는 '음란한 짓을 함, 또는 그런 행실'[**] 혹은 '음탕하고 난잡한 짓'[***]이라고 설명하고 있어. 즉, '음행의 상습 없는 부녀'는 음란하지 않은 여자, 문란하지

[*]   2009년 11월 26일 위헌결정(2008헌바58)으로 폐지되었다.
[**]   『표준국어대사전』 참조.
[***] 『고려대 한국어대사전』 참조.

않은 여자를 의미하는 거지. 그러니까 박인수의 주장은, "내가 만난 여자들은 한 명 빼곤 전부 문란했기 때문에 혼인빙자간음이 아니다"라는 거야.

그의 황당한 증언 때문에 '순결의 확률은 70분의 1'이라는 웃지 못할 유행어까지 생겼고, 피해 여성들에게 질타의 시선이 쏟아졌어. 신문들은 앞다퉈 여성들의 자성과 각성을 요구하는 글을 실었고, 특히 여대생을 향한 비난이 쇄도했지. 박인수와 만난 여대생은 풍기 문란을 이유로 학교에서 제적됐고, 고소했던 여성 중 일부는 고소를 취하했어.

고소인 중에 판사한테 편지를 보낸 여성들도 있었는데, 한 여대생은 "정조를 뺏긴 건 아니고 키스만 했는데, 그 후로 6개월이나 병상에 있으니 그를 엄벌에 처해달라"라고 청했고, 한 피해 여성의 어머니는 "딸이 증언대에 서면 자살할지 모르니 선처 바란다"라는 내용의 탄원서를 보냈대. 또 다른 피해 여대생의 동기들은 "우리 친구가 정조를 빼앗기지 않았다는 것이 정말임을 증명한다"라고 18명이 연판장*을 돌려서 제출까지 했대. 어라, 어째 일이 돌아가는 모양새가 이상하지? 정작 잘못한 사람은 따로 있는데, 오히려 피해자들이

---

*　하나의 문서에 두 사람 이상이 연명으로 서명 또는 날인을 한 서장.

뭔가 잘못을 저지른 양 분위기가 흘러가잖아!

보호할 가치가 있는 정조만을 보호한다

재판부는 박인수에게 혼인빙자간음에 대해선 무죄 판결을 내렸어. 해군 대위라고 사칭한 부분만 공문서 부정 행사 혐의로 유죄를 인정해서 벌금 2만 환*을 선고했지. 무죄의 이유는 '증거불충분'이야. 피해자들의 진술만으로는 혼인빙자간음죄를 인정할 증거가 부족하다는 거야. 결혼하자는 말에 속아서 피의자와 성관계를 맺었다기보다는, 피해자들 스스로 선택한 행동이라고 판단한 거야. 어떻게 생각하면 굉장히 시대를 앞서나간 판결이지? 여성의 성적 자기 결정권을 중시한 거니까. 같은 이유로 2009년에는 혼인빙자간음죄가 위헌 판결이 났잖아. 성생활이라는 게 지극히 사적인 영역인 데다, 보호 대상을 '음행의 상습 없는 부녀'로 한정하는 건 남성 우월적 정조 관념에 기초한 가부장적 이데올로기의 강요라는 것 또한, 헌법에 위배된다고 했지. 그런데 이 사건이 지금까지도 회자되는 이유가 있어.

---

*   1962년 화폐 개혁 이전의 화폐 단위로, 1955년 당시 쌀 한 가마(80kg 기준) 값이 약 1만 환이었다. 오늘날 쌀 한 가마의 가격은 약 22만 원(2020년 기준)이다.

담당 판사가 판결 후에 덧붙인 이 한마디 때문이야!

법은 정숙한 여인의 건전하고 순결한 정조만을 보호할 수 있다.

거꾸로 말하면 정숙하지 않은 여자의 정조는 법이 보호하지 않겠다는 거야! 혼인빙자간음죄는 '음행의 상습이 없는 부녀'에게만 해당한다고 했잖아. 박인수가 만난 여자들은 '음행의 상습이 있는', 문란하고 음란한 여자라고 판단한 거지. 박인수의 주장에 힘을 실어준 셈이야. 재판부는 왜 그렇게 판단한 걸까? 박인수와 상대 여성들이 만난 장소가 댄스홀이라는 게 문제라고 여긴 것 같아. 판사는 판결 이유를 설명하면서 이런 말도 했었거든.

댄스홀에서 만난 정도의 일시적 기분으로 정교 관계가 있었을 경우, 혼인이라는 언사를 믿었다기보다 여자 자신이 택한 향락의 길이라고 인정하는 것이 타당할 것이다.

하지만 2심에서는 박인수에게 유죄가 선고됐어. 징역 1년 형이었지. 재판이 진행되는 중에 박인수에게는 이미 결혼을 약속한 동거녀와 자식이 있다는 게 드러나기도 했거든. 그런데 2심 판사는 판결에서 또 이렇게 말을 해.

> 정조에는 보호해야 할 정조와 보호하지 않아도 될 정조가 따로
> 있을 수 없다. 정조라는 것은 여성에게 있어 생명이다.

여성에게 정조는 목숨처럼 중요한 만큼, 법도 모든 여성의 정조를 가리지 않고 보호해야 한다는 거야. 유죄와 무죄. 얼핏 보기에 반대되는 판결이 나왔으니 1심 판사와 2심 판사가 생각이 전혀 달랐던 것처럼 보일 수도 있지만 실상은 전혀 그렇지 않아. 1심과 2심 재판부모두 여성에게 있어서 '정조'가 굉장히 중요한 요소라는 생각을 공통적으로 하고 있었던 거잖아. 다만 1심 판사는 '법이 보호해야 할 정조'의 기준을 '댄스홀' 출입 여부로 판단했다는 점에서 차이가 있었을 뿐이야. 대체 댄스홀이 어떤 곳이었길래 그렇게 판단한 걸까?

자유부인과 허벅다리 부인

우리나라는 해방되고 6·25전쟁을 겪는 동안 미국의 지원을 받았잖아. 그러면서 정치적으로는 민주주의 체제가 도입됐고 자연스럽

게 미국 문화도 유입됐어. 사람들은 미국을 마치 이상향처럼 생각하면서 미국 문화에 빠져들었지. "미제라면 양잿물도 마신다"라는 유행어가 돌 정도였는데, 그중에서도 특히 음악과 춤을 즐겼어. 댄스홀마다 사람들이 몰려들었고 모두 자유를 갈망하듯 흥겨운 리듬에 맞춰서 춤을 췄는데, 특히 파트너와 함께 추는 사교댄스가 유행이었대. 왈츠waltz, 탱고tango, 지르박jitterbug, 차차차cha-cha-cha, 맘보mambo…. 한 번쯤 들어봤지? 사교댄스가 당대 유행의 중심에 있었다는 증거가 있어. 바로 이 영화! 1950년대 중반의 사회적인 분위기를 잘 보여주는 당시의 대히트작이야!

〈자유부인〉은 1956년에 개봉한 영화야. 그해 흥행 1위에 오를 만큼 인기가 대단했어. 그땐 멀티플렉스multiplex라는 말조차 없던 시대잖아. 충무로 수도극장에서 상영했는데 45일 동안 관객이 무려

영화 〈자유부인〉 개봉 당시의 극장 간판.

15만 명이나 들었대! 당시 영화 흥행을 좌우하는 실세는 일명 '고무신 관객'이라 불리던 30, 40대 여성들이라, 인기 있는 영화가 끝나면 극장 앞에 주인 없는 고무신이 한 트럭씩 나왔대. 고무신이 헐렁해서 잘 벗겨지잖아. 인파에 떠밀려서 벗겨진 거지. 원작인 정비석 작가의 동명 소설*도 공전의 베스트셀러였어. 14만 부가 팔려서 우리나라 출판 사상 처음으로 10만 부 판매를 넘긴 기념비적인 작품이지. 어찌나 인기였는지, 연재를 마치자마자 신문의 판매 부수가 5만 부나 줄었다고 하지 뭐야?

줄거리는 대략 이래. 대학교수 부인인 주인공 오선영은 결혼 이후 아들을 키우면서 집안일만 하는 가정주부였는데 지인의 소개로 양품점**에 취직한 후 남다른 장사수완으로 성공적인 사회생활을 하게 돼. 그즈음 오선영은 집에 세 들어 사는 젊은 남자의 권유로 춤을 배우면서 댄스홀에 드나들게 되고, 자연스럽게 사교댄스의 재미에 빠지게 되지. 그러다 사교댄스 파트너로 만난 다른 남자와 어울리며 연애를 하는 내용이야. 대학교수인 남편도 다른 여자를 만나긴 해. 미군 부대에서 일하는 타이피스트typist에게 한글을 가르쳐준다는 핑

---

* 1954년 1월 1일~8월 6일까지 《서울신문》에 연재되었다.
** 서양식으로 만들었거나 서양에서 들여온 일용잡화를 전문으로 파는 가게.

극중 사교댄스를 추는 오선영(김정림 분)의 모습. 한국영상자료원 소장.

계로 가까워졌지. 자유로운 삶을 꿈꾸는 주인공답게 소설에서는 '자유'라는 말이 70번, '민주주의'라는 말이 80번 등장해.

> 댄스야말로 민주 혁명의 제일보라고 볼 수 있으니까,
> 이것만은 무슨 일이 있더라도 꼭 배워야 합니다.
>
> ― 정비석, 『자유부인』 중

'댄스야말로 민주 혁명의 제일보'라는 말은 유행어가 됐어. 그만큼 이야기의 주된 배경이었던 댄스홀은 가정주부인 주인공에겐 자유를 향한 해방구이면서 당시 자유를 갈망하는 사람들이 신문화를 즐기는 공간으로 여겨진 거지. 그럼 자유를 갈구하던 주인공은 어떤

결말을 맞이하게 됐을까? 자신을 얽매는 가정을 떠나, 진정한 자유를 찾아서 떠났을까? 아니야. 결국 여주인공은 가정으로 돌아가서 남편에게 무릎 꿇고 용서를 빌어. 사실 여주인공이 만나던 남자는 바람둥이에, 유부남이었어. 남편도 한눈을 팔았지만, 상대였던 타이피스트는 결혼한다며 교수를 떠났지. 제목에 뭔가 낚인 기분이지? 그런데 모든 소설과 영화는 현실을 반영하기 마련이야. 소설을 처음 신문에 연재할 때 작가는 이런 집필 의도를 밝혔대.

오랜 봉건 도덕의 압제에 허덕이던 우리나라 여성들도 민주주의 해방과 동시에 인간으로서의 완전한 인권을 회복하게 됐다.

하지만 실제로 소설이 전개된 방향은 이 말이랑은 좀 달랐잖아? 연재를 마친 후에 작가는 또 이렇게 말했어.

봉건주의 사회에서 자유민주주의 사회로 넘어가는 과도기의 혼란상과 사회적인 부패상을 소설로 그렸다. 자유와 민주주의에 대한 일부 여성들의 그릇된 인식 때문에 사회의 혼란이 가중되고 있다. 그 폐해를 교정하고자 했다.

소설을 통해 6·25전쟁 직후에 무분별하게 미국 문화를 동경하면서 허영과 사치를 일삼는 풍조를 비판하고자 했다는 거지. 무슨 심경의 변화라도 생긴 걸까? 작가는 소설을 연재하는 동안 공격을 많이 받았대. 어쩌면 그런 반응 때문에 연재하던 소설의 방향이나 의도를 크게 수정해야 했을 수도 있어. 대표적으로 서울대 법대 황산덕 교수는, 『자유부인』을 두고 이렇게 비난했거든.

> 야비한 인기욕에 사로잡혀 저속 유치한 에로 작문을 희롱하는 문학의 적이요, 문학의 파괴자요, 중공군 50만 명에 해당하는 적이 아닐 수 없습니다.
>
> - 《서울신문》, 1954년 3월 14일 자

『자유부인』 소설이 나온 게 1954년이고, '박인수 사건'이 일어난 게 다음 해인 1955년이야. 자유부인 논쟁과 박인수 사건을 거치면서 댄스홀에 출입하는 여성은 풍기문란을 조장하는 문란한 여성으로 지탄받았지. 보수적인 사람에겐 우려하던 소설 속 여주인공이 현실에 나타난 게 못마땅했을 거야. 그렇게 '자유부인'은 가정을 벗어나 사회에 진출해서 활발하게 경제활동을 하는 당시 신여성을 상징하던 긍정적인 의미는 사라지고, 성적으로 문란하고 타락한 여성의 대명사로 불리게 됐어. 그런데 '자유부인' 외에도 당시 여성들을 지칭하는 이름들은 더 있었어. 일종의 '네이밍'이라고 할까.

가령 '유한마담'은 있을 유^{有}에 한가할 한^{閑} 그리고 마담^{madame}의 합성어야. '생활 형편이 풍족하여 일은 하지 않고 놀러 다니는 것을 일삼는 부인'을 뜻해. 그리고 또 하나, '아프레 걸'은 전후파^{戰後派}* 여성을 의미하는 프랑스어 아프레게르$^{Après-guerre}$가 어원인데, 원래 뜻은 '전통적인 여성상에서 벗어난 새로운 여성'을 의미해. 하지만 우리나라에서는 주로 6·25전쟁 후에 나타난, 미국 문화를 좇으며 허영과 사치를 일삼는 정조 관념이 없는 여성들을 지칭했어.

그런데 왜? 여성들만을 꼬집어 비난한 걸까? 댄스홀은 남자도 출입했을 테고, 당시 미국 문화를 동경하고 허영과 사치를 일삼는 게 사회 전반적인 분위기이고 현상이었다면 여성만의 문제였을 리가 없는데 말이야. 자, 당시 시대 분위기가 담긴 노래 한 곡을 알려 줄게. 1955년 공전의 히트곡! 일단 가사를 음미해봐.

---

* 제1차세계대전 이후 프랑스를 중심으로 하여 일어난 예술 사조로, 허무주의적·퇴폐적·비이성적인 경향을 띠었다. 한국에서는 보다 단순하게 6·25전쟁 이후에 등장한 새로운 경향성을 통칭한다.

꼬리에 꼬리를 무는 그날 이야기

<단장斷腸의 미아리 고개>(작사 반야월)

미아리 눈물 고개 / 울고 넘던 이별 고개 / 화약 연기 앞을
가려 눈 못 뜨고 헤매일 때 /
당신은 철사줄로 두 손 꽁꽁 묶인 채로 / 뒤돌아보고 또 돌
아보고 맨발로 절며 절며 /
끌려가신 이 고개여, 한 많은 미아리고개
아빠를 기다리다 / 어린 것은 잠이 들고 / 동지섣달 기나긴
밤 북풍 한설 몰아칠 때 /
당신은 감옥살이 그 얼마나 고생을 하오 / 십 년이 가도 백
년이 가도 살아만 돌아오소 /
울고 넘던 이 고개여, 한 많은 미아리 고개

가사를 보니 당시 풍경이 떠오르지? 전쟁통에 끌려가는 처절한
남편과 감옥살이하는 남편을 기다리는 아내와 자식들의 애처롭고
안타까운 상황이 그려지잖아. 1953년 6·25전쟁 휴전 직후에 과부가
폭증했어. 남편이 전쟁에 나가서 목숨을 잃거나 돌아오지 않아서 혼
자가 된 건데 숫자가 55만 5,000명에 달했대. 그들을 부르는 명칭도
있었어. '전쟁미망인'. '미망인未亡人'은 남편과 함께 죽어야 하는데 아
직 죽지 않은 아내'라는 뜻이래. 좀 섬뜩하지?

당시로선 남편 없이 가정을 꾸리기가 쉽지 않았어. 대부분 시부모를 모시고 사는 데다가 마땅한 일자리도 없었으니. 그래서 국가에서 '미망인 정착지'라는 터전을 만들어주긴 했어. 미용·수예·재봉 등의 기술을 가르쳐주면서 자립하라는 거지. 그런데 그 정착지에 입주할 수 있는 사람은 전쟁미망인의 1퍼센트 정도밖에 안 됐어. 어쩔 수 없이 대부분의 여성은 공장 일, 농사 일, 식당 일, 남의 집 식모일… 뭐든 가리지 않고 다 해야 했지. 당시에는 재혼도 쉽지 않았어. 갑오개혁 때 과부들에게 제도적으로 재가가 허락됐지만, 미풍양속에 어긋난다고 사회적으로 금기시됐거든. 아직도 일부종사一夫從事와 여필종부女必從夫를 중시하던 때니까.

삶이 고된 과부를 위해서 나라가 해준 게 있긴 해. 상을 줬어. '열녀상', '효부상'. 그때 상 받은 사람 중에 '허벅다리 부인'도 있어. 한 여성이 오랫동안 병석에 누워 있는 남편 때문에 시름이 깊어지던 중에, 어디서 사람 고기가 좋다는 말을 들은 거야. 그래서 굳은 결심을 하고 자신의 양편 허벅다리를 도려내서 남편에게 먹였어. 그랬더니 놀랍게도 남편의 병세가 진짜 나아졌대. 이웃에서는 아내를 칭송했고, 경찰이 크게 감동해서 표창장을 줬다는 거야. 미담이라며 신문에도 소개됐어.

> 장성군 신기부락에 거주하는 김 씨(47세)는 2년 동안 병으로 고생하는 남편을 완치시키기 위해 갖은 노력을 다했으나 신통치 않아 (…) 사람고기가 제일 좋다는 말을 듣고 허벅다리를 도려내어 복약케 하여 회복시킨 사실이 있었다. 그리하여 면민들의 칭송이 자자하여 전라남도 경찰국장은 이에 감동하여 표창장을 수여했다.
>
> ─《동아일보》1954년 12월 24일 자

엽기적이지? 그런데 조선 시대까지만 거슬러 가도 자주 일어났던 일인가 봐. 『조선왕조실록』에 보면 '할고割股'라는 말이 종종 등장하는데, 그 뜻이 '허벅지의 살을 베어낸다'라는 거래. 그때에도 '할고'를 한 효자나 열녀들에게 상을 내렸다는 기록이 적혀 있어. 의료 시설이나 기술도 부족하던 시절인 데다 형편도 어려웠을 테니 오죽하면 그랬을까 싶기도 하면서, 한편으로는 끔찍하지.

할고는 좀 극단적인 사례지만, 가족을 위해서 희생하는 여성들을 칭송하는 분위기는 사회 전반적으로 퍼져 있었어. 광복절, 개천절 같은 국경일이 있을 때마다 각 지방 자치 단체에서 열녀와 효부를 뽑아서 상을 줬고 전쟁미망인과 모범 어머니들을 표창하고 위로하기 위해서 1956년엔 기념일을 따로 만들기도 했어. 그게 바로 '어머니날'이야. 5월 8일. 1973년에 어버이날로 바뀐 거지. 그런 분위기에 따라 가정을 지키는 현명한 어머니와 어진 아내, 바로 '현모양처'가 바람직한 여성상으로 굳어져갔어. 전쟁으로 나라는 폐허가 됐고 젊은 남자는 부족하니 자연스럽게 여성들의 사회진출이 늘어나게 됐는데, 그 과정에서 남성 중심의 가부장제가 근간이 되는 전통 사회질서가 무너질 것 같은 위기감을 느낀 거야. 그래서 '가정의 울타리를 벗어나서 자유를 추구하면서 사회생활을 하는 새로운 여성상'은 '문란한 여성'이라고 공격받게 된 거지.

반면에 남성의 정조에 대해선 관대한 분위기였어. 축첩畜妾*은 1950년대에 공식적으로 폐지됐지만, 여전히 남성 사회에서는 일종의 권력으로 인정됐어. 남성의 외도는 암묵적으로 용인되었고, 심지어는 오히려 아내의 탓으로 돌리기도 했지. 아무튼, 당시엔 여성들에게만 일방적으로 '가정을 지키는 현모양처가 되라'라고 강요했어. 그래서 결국 '자유부인'은 자유를 향한 열망을 꺾고 집에 돌아와 남편에게 용서를 빌었고. '카사노바 박인수 사건'에서도 가해자인 박인수보다, 피해 여성들의 정조 관념을 탓한 것 같아. '법은 정숙한 여인의 정조만 보호한다'라면서 여성들이 스스로 정조를 지키길 강

---

* 아내 이외의 여성을 첩으로 두는 일.

요한 거지. 우리 사회가 여성들에게 목숨과도 같다며 잘 지키라고 했던 그 소중한 '정조' 때문에 끔찍한 일들이 벌어지기도 했어.

메이퀸 호텔 추락사

때는 1971년 6월 30일 밤 11시 30분경이야. 119에 신고 전화가 걸려왔어. 서울 명동에 있는 대연각 호텔 17층에서 20대 여자가 투신자살했다는 거야! 사망한 여자는 한 여대에서 '메이퀸^{May-Queen}'으로 뽑힌 스물한 살의 유 씨. '메이퀸'은 말 그대로 '5월의 여왕'이란 뜻이야. 대학교마다 매해 5월마다 미모와 지성을 겸비한 여대생을 뽑는 행사였는데, 그 시절엔 대학교 축제의 꽃으로 불렸어. 그런데 그녀가 왜 호텔에서 투신한 걸까?

그녀는 투신 전 호텔 방에서 한 남자와 함께 있었어. 오빠의 친구였던 스물여섯 살의 이 씨! 그가 유일한 목격자이자, 신고자야. 사건이 있기 1년 전쯤에 알게 된 사이인데, 만나자마자 이 씨가 친구 동생이었던 유 씨에게 첫눈에 반한 거야. 그래서 줄곧 애정을 드러냈고, 사건이 있던 그날 프러포즈를 계획했었대. 프러포즈 날 투신자살이라니, 이게 대체 어떻게 된 일이었을까?

사실 유 씨와 이 씨는 서로 사귀는 사이도, 결혼할 사이도 아니었어. 애초에 유 씨는 이 씨에게 특별한 마음 자체가 없었고, 심지어 결혼을 약속한 사람도 따로 있었거든. 남자의 일방적인 사랑이었던 거지. 아무튼 이 씨의 주장에 따르면, 유 씨한테 결혼해달라고 졸랐지만 거절당했대. 그런데 실랑이하던 중에 갑자기 유 씨가 목이 마르다고 해서 자신이 물을 가지러 간 사이에, 유 씨가 창문 밖으로 떨어졌다는 거야. 이 얘기를 들은 사람들은 사랑하지 않는 남자의 청혼을 받아들일 수 없는 상황에서 정조를 지키기 위해서 스스로 목숨을 버린 거라고 여겼지.

　하지만 유족들은 유 씨가 스스로 목숨을 끊을 이유가 없다며 재조사를 요구했어. 그리고 경찰 수사 결과, 증언과 전혀 다른 새로운 정황이 드러났어. 유 씨가 호텔에 제 발로 온 게 아니었던 거야. 그래, 사건 당일 아침에 이 씨의 지인들에게 납치된 거지! 이 씨가 지인 네 명에게 돈을 주고, 학교에서 유 씨를 납치하라고 시켰어. 그 중엔 조직폭력배도 있었다고 해. 이 무리는 납치한 유 씨를 이 씨 집에 데려갔다가 저녁에 다시 그 호텔 나이트클럽으로 끌고 갔고, 먼저 와서 기다리고 있던 이 씨는 그녀에게 청혼했어. 물론 거절됐지. 그랬더니 이 씨가 예약해둔 호텔 방으로 유 씨를 강제로 데리고 간 거야. 그리고 나머지 납치범 네 명은 맞은편 객실에서 대기하고 있었대.

경찰의 탐문 결과, 그날 밤 호텔 투숙객 중 한 사람이 한밤중에 여자 비명을 들었다는 증언이 나왔어. 그리고 숨진 유 씨를 부검해 봤더니 허벅지에서 흉기에 찔린 듯한 상처도 발견된 거야. 이 점들을 들어 경찰이 추궁하자 이 씨가 자백했어.

유 씨와 성관계를 시도하자 반항하니까 흥분해서 허벅지를 잭나이프로 찔렀고, 유 씨가 비명을 질러서 목을 졸랐다. 죽은 것 같아서 범행을 은폐하려고 창밖으로 던졌다.

이 씨는 강간치사죄로 대법원에서 징역 10년 형을 선고받았어. 그는 범죄자가 돼버렸고 사랑하는 여자도 영원히 잃어버렸지. 그것도 자기 손으로 말이야. 그런데 남자는 여자와 결혼하기 위해서 왜 그렇게까지 했을까? 수사관들이 이 씨에게 물었대. 그랬더니 하는 말이 이래.

강제로라도 내 것으로 만들어서 결혼하고 싶을 정도로 사랑했다. 하룻밤 밑이 지니고 소문을 내서 내 사람으로 만들려고 했다.

아니, 여자가 무슨 물건인가?! 짝사랑하는 상대를 납치해서 협박하고 정조를 빼앗으면 자기 사람이 될 줄 알았다는 얘기야. 소름 끼치는 말이지만, 그때는 혼전순결을 당연시하던 분위기라 성인남녀가 하룻밤을 같이 보내면 결혼해야 한다고 생각하던 시절이였거든. 이 사건에서도 그렇지만, 당시엔 '통금'도 남자들의 불순한 계획을 돕는 데 한몫했어. 왜 그런 레퍼토리 있잖아. 괜히 멀리 시외로 나갔다가 막차 끊기고 통금에 걸려서 어쩔 수 없이 숙박업소 갔는데, 방은 또 하필 하나만 남고. 남자의 적극적인 구애는 더 남자다워 보이고, 여성은 마지못해 따르는 게 당연한 것처럼. 그래서인지 메이퀸 추락 사건을 지켜본 한 대학의 법대 학장이 이런 말을 했대.

여자는 어떤 수단을 써서라도 우선 정복해놓아야 자기 물건이 되는 것이다. 위와 같은 환경 속에서, 피고인이 아무리 성인군자라 하더라도 안심하고 여자를 정복할 수 있는 조건이었다고 본다. 일반적으로는 정복이 가능한 여자를 성인군자연 하고 정복하지 않고 내버려두면, 결국 타인에게 빼앗겨버리는 수가 많다. 그것은 남자로서는 큰 손실이 아닐 수 없다. 여자는 대개 강간을 당하는 것이라 해도 과언이 아니다. 당한 후 수치심 때문에 참기도 하고 애정을 갖게 되어, 남자와 살게 되는 것이다. 모든 첫날밤은 여자가 당하는 밤이다.

> 그동안 피해자가 진정 피고인이 싫었다면 그를 거절하고 단
> 념시키는 현명한 방법을 생각했어야 했을 것이다. (…) 남자
> 들이 아침에 집을 나서는 순간부터 거리에 보는 것이 여성이
> 다. 혈기에 충만한 젊은이들 마음에는 모든 여성을 자기가
> 갖고 싶은 유혹에 사로잡히게 되는 것도 무리가 아니다. 그
> 러한 야망과 정력이 남자의 성공의 추진력이 된다고도 한다.
> － 대검찰청, 《검찰》 1973년 제1집 '판례의 교훈' 중

남자의 범죄 행위는 탓하지만, 그 동기는 이해한다는 취지야. 그
리고 가해 남성보다 피해 여성을 탓하고 있지. 대학교수가 이런 표
현을 아무렇지 않게 할 정도로, 여성에 대한 일방적인 정조 의식이
일종의 사회 통념으로 자리 잡고 있었던 거야. '열 번 찍어서 안 넘
어가는 나무 없다' 같은 속담이나 '용감한 남자가 미인을 차지한다'
라는 말이 거부감 없이 받아들여지던 세상이니까. 그런데 어때? 이
전과는 새삼 다르게 들리지 않아?

결혼이 납치·강간의 면죄부?

전래동화 중에 「선녀와 나무꾼」이라고 있잖아. 나무꾼이 사냥꾼에게 쫓기는 사슴을 구해주니, 사슴이 은혜를 갚겠다고 나무꾼에게 선녀들이 목욕하는 곳을 알려주는 이야기. 그리고 나무꾼은 선녀가 하늘에서 내려와서 목욕하는 걸 훔쳐보다 선녀에게 반해서 그녀의 날개옷을 몰래 감춰버리지. 하늘로 못 올라가게 하려고 말이야. 그리고 지상에 남겨져 실의에 빠진 선녀를 집에 데려가서 같이 살면서 애들도 낳고. 나중에 선녀가 날개옷 보여달라고 해서 줬더니 애 둘 데리고 하늘로 돌아가버리지!

나무꾼의 행동, 어떻게 생각해? 먼저 법적으로 한번 따져볼까. 일단 나무꾼은 선녀의 사유물인 옷을 갈취한 거야. 성폭행 혐의 부분은, 폭행이나 협박으로 상대방을 저항할 수 없게 만든 뒤에 강제로 간음하는 경우에 해당되는데 동화에서는 자세한 상황을 확인할 길이 없어. 오히려 '나무꾼과 선녀는 서로를 아끼며 아이 둘을 낳아 행복하게 살았어요.' 이런 식으로 쓰여 있거든. 선녀의 진심이 어땠는지는 알 수 없어서 성폭행이 성립한다고는 확신할 수 없어. 다만, '결혼 목적의 약취 유인죄'*에 해당될 수 있대. 나무꾼이 선녀를 속여서 집에 끌어들인 후에 자신의 지배력 아래에 둔 거니까. 그렇다면 1년 이상 10년 이하의 징역형 선고가 가능해. 이쯤하면 전래동화가 아니고, 잔혹동화가 아닌가 싶기도 한데, 극단적으로 말하면 '내 여자로 만들기 위해' 수단과 방법을 안 가린 '납치혼'인 셈이야.

그냥 동화 속에나 있는 얘기 아니냐고? 여성을 향한 남자들의 소유욕을 범죄로 인식하지 못하던 그때 그 시절에는 실제로 이런 일까지 일어났어. 1973년에 있던 일이야. 열일곱 살의 정 군은 평소 동갑내기 이 양을 짝사랑해왔는데, 어느 날 정 군이 이 양을 꾀어내서 성폭행을 저지른 거야. 당연히 구속 기소됐고, 1심에서 징역형을 선고받았지. 그런데 가해자가 항소했고 2심 재판에서 예상치 못한 상황이 벌어져. 담당 판사가 "그럴 게 뭐 있냐, 기왕 버린 몸이니 오히려 짝을 지어줘서 백년해로시키는 게 좋겠다"라면서 양가 부모를 설득해서 법정에서 약혼까지 치르게 했다는 거야.

1989년에는 이런 일도 일어났어. 30대 남자가 같은 학원에 근무하던 여자 동료를 짝사랑하다가 여관으로 유인해서 강제로 성폭행한 거야. 강간치상 혐의로 구속됐는데 이번에는 검사가 피해 여성을 설득했대. "대학원을 졸업한 가해자가 잘못하면 실형을 2년 정도 살게 되는데, 그럼 인생을 망치게 된다"라나 뭐라나? 그래서 결국

---

* 형법 제288조(추행 등 목적 약취, 유인 등) ①추행, 간음, 결혼 또는 영리의 목적으로 사람을 약취 또는 유인한 사람은 1년 이상 10년 이하의 징역에 처한다.

카사노바 박인수 사건

피해자가 고소를 취하하고, 양가 부모가 동의해서 혼인신고를 한 후에 가해자를 석방해줬어.[*]

이런 식의, 소위 '상간 중매'는 또 있었어. 그것도 무려 1998년에! 상황은 더 기가 막혀. 비 오는 날 밤에 여고생이 집에 가려고 택시를 기다리는데 20대 남자가 승용차를 타고 가다가 목적지까지 데려다주겠다면서 여고생을 차에 태운 거야. 그러고는 외진 곳으로 가서 성폭행했어. 그리고 다음 날, 그 여고생이 다니는 학교에 찾아갔대. 다시 만나려고. 뭔가 수상하다고 생각한 선생님이 경찰에 신고해서 남자는 붙잡혔어. 그런데 1심에서 징역 2년 6개월을 선고받은 그에게, 2심에서는 집행유예가 내려진 거야. "피고가 초범인 데다 혐의를 모두 자백하고 잘못을 반성하고 있다" 그리고 "더욱이 피고의 부모와 피해자의 부모가 '자녀가 자란 뒤 성혼시키자'라고 합의한 만큼 집행유예를 선고한다"라고 했어.[**]

성폭행한 후에 피해자랑 결혼하면 범죄도 용서가 되는 세상이었던 거지. 어차피 순결을 잃었으니 책임지면 되지 않냐는 식이야. 대부분의 피해자 부모들이 합의에 동의했어. 딸이 '정조'를 잃었기 때문에 어쩔 수 없는 선택이라는 생각이 팽배했던 거겠지. 그리고 무엇보

[*] 《경향신문》 1989년 12월 7일 자 참조.
[**] 《한겨레》 1998년 12월 25일 자 참조.

다 이런 끔찍한 일이 자연스럽게 받아들여졌던 이유는 정조와 순결이 꽤 오랫동안 여성에게 가장 중요한 가치로 여겨졌기 때문이야.

단지 그대가 여자라는 이유만으로

1990년에 〈단지 그대가 여자라는 이유만으로〉라는 제목의 영화가 개봉했어. 포스터에는 어딘가 낯익은 문구가 적혀 있지. "법이 보호할 가치가 있는 '정조'만을 보호한다면, 법은 보호할 가치가 있는 '혀'만을 보호하라!" 대체 무슨 의미일까? 사실 이 영화는 1988년에 일어난 실제 사건을 모티브로 한 영화야. 등장인물에 대한 설정은 다르지만 사건 내용이나 재판 과정, 판결은 같아. 줄거리는 대략 이래.

한 30대 주부가 밤늦게 귀가하던 중이었어. 집으로 가는 골목길로 들어서는 순간, 뒤에서 갑자기 나타난 남자 두 명이 양쪽에서 여성의 팔을 틀어쥐고 성폭행을 시도했어. 깜짝 놀란 피해 여성이 정신없이 발버둥 쳤지만, 남자들은 오히려 피해자에게 발길질했어. 그 상황에서 가해자 한 명이 강제로 키스를 하려고 했고, 피해 여성은 본능적으로 가해 남성의 혀를 깨물며 자신을 방어했지. 그런데 오히려 가해 남성이 피해 여성을 고소했어. "여자가 내 혀를 깨물어

개봉 당시 〈단지 그대가 여자라는 이유만으로〉의 신문 광고로,
여성 인권 의식을 겨냥한 광고 카피가 눈에 띈다.

잘려 나갔다"라면서 말이야. 검찰도 '과잉방어'로 여성을 구속하고
기소했어. 죄명은 '폭력행위 등 처벌에 관한 법률 위반'이야.

　피해 여성은 남성들을 신고하지 않았어. 왜냐고? 그때는 성폭행
을 당했어도 대부분의 여성이 신고하지 못했어. 사실이 알려지면 피
해자가 오히려 손가락질 당하거나 불편한 시선을 감당해야 하는 경
우가 많았으니까. 이 여성 역시 사고 직후엔 남편은 물론이고 아무
한테도 말하지 않았대. 사고 당시에 가해자들한테 두들겨 맞아서
병원에 입원까지 했는데도 말이야. 가해 남성들이 자신을 고소하니
까 그제야 뒤늦게 맞고소를 한 거지. 판결은 어떻게 났을까. 불길한
예감이 들지? 피해 여성에게 유죄가 선고됐어. 징역 6개월에 집행유

예 1년. 사법부는 여성의 행동이 정당방위로 보기에 지나치다고 판단한 거야.

피해자가 혀를 깨물어서 가해자가 놀라 피하게 하는 정도로 그쳐도 될 것을 물어뜯어 혀를 잘랐다.
범행 장소가 상가가 밀집돼 있고 범인이 흉기를 소지하지 않았으니 피해자가 공포에 떨어 혀를 깨물었다고 보기 어렵다.

1심 판결 내용이 알려지면서 전국적으로 이 사건은 논란을 불러일으켰어. 여성단체를 중심으로 사람들은 분노했고 항소심 변론을 위한 공동변호인단도 구성됐지. 그러나 재판 과정 내내 피해 여성의 고통은 이어졌어. 검찰과 상대측 변호사, 그리고 재판부로부터 폭언을 들어야 했고 또다시 인격적인 모독을 당했어.

주부가 술을 마시고 늦은 시간에 귀가했다.
가정불화를 일으키는 문제가 많은 여자였다.

영화 포스터에 "법이 보호할 가치가 있는 '정조'만을 보호한다면, 법은 보호할 가치가 있는 '혀'만을 보호하라!"라고 적힌 이유를 이제 알 것 같지? 1심 판결 후에 여성단체들의 노력 덕분에 이 사건이 사회적으로 큰 반향을 불러일으켰고, 다행히 2심에서는 피해 여성의 정당방위가 인정됐어. 무죄가 선고됐지. 한편 가해자들은 '강제추행치상'으로 징역 2년 6개월에 집행유예 4년을 선고받았고!

마누라와 북어는 사흘에 한 번씩 두들겨 패야 한다

단지 여자라는 이유만으로 겪어야 하는 고통은 집 안에서도 있었어. 1980년대 후반부터 '매 맞는 아내'가 사회적인 문제로 떠올랐지. 그때만 해도 가정폭력을 범죄로 인식하지 않았기 때문에 피해자들조차 신고하는 경우가 드물었어. 그도 그럴 것이 가정폭력을 의심할 만한 상황이 생겨도 이웃들은 남의 집 가정사에는 함부로 끼어들지 않는 법이라고 생각해서 모른체 하는 게 미덕이라 여겼고, 실제로 모른 척 지나갔거든. 게다가 설령 신고를 하더라도 경찰은 '부부싸움은 칼로 물 베기'라는 식의 한가로운 반응을 보이며 '아름다운 화해'를 종용했어. 그러다 보니 가정폭력은 어느 집에서나 벌어지는 일상이 돼버린 거지. 1992년에 형사정책연구원이 조사한 결과에 따르면 결혼 후 남편에게 구타당한 주부가 응답자(640명)

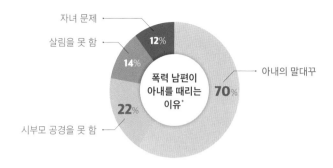

자녀 문제
살림을 못 함
**폭력 남편이
아내를 때리는
이유***
12%
14%
아내의 말대꾸
70%
22%
시부모 공경을 못 함

의 45.8퍼센트에 달했어.

　그런데 도대체 남편은 아내를 왜 때리는 걸까. 모든 폭력은 권력 관계에서 발생해. 폭력 남편에게 물어봤더니 아내를 때리는 가장 큰 이유가 '자신에게 순종하지 않기 때문'이라고 대답했어. 남편의 권위를 지키기 위해서 때린다는 거지. 그리고 폭력 남편의 대부분은 "내 마누라 내가 때리는데, 뭐가 문제냐!"라며 오히려 당당해. 아내는 자신의 소유라고 생각하는 거지. 무엇보다 가부장적 전통이 우리 사회에 뿌리 깊이 자리해 있기 때문이야. 아내는 물론이고 가정 구성원들 모두 가장의 말에 복종해야 한다는 인식 말이야.

　또 매 맞는 아내들이 폭력을 벗어날 수 없는 이유 중 하나는 폭력이 복종의 도구로 사용돼서 점점 그 상황에 길들여지기 때문이

---

* 〈한국여성의전화〉 설문조사(1989), 복수응답 가능.

야. 게다가 가정폭력은 대부분 사적인 공간에서 벌어지니까 은폐되기도 쉽고, 피해자도 자신의 신고로 인해 가정이 파탄나지는 않을까 두려워해. 더군다나 용기를 내서 신고한다 해도 제대로 처벌이 안 되니까 보복이 두려워서 신고 자체를 아예 꺼리게 되는 거지.

1997년에 '가정폭력방지 특별법'이 만들어졌지만, 아직도 여전히 반의사불벌죄反意思不罰罪야. 즉, 피해자가 처벌을 바라지 않는다고 하면 처벌할 수 없어. 피해자 보호보다는 가정의 유지가 목적인 거지. 그 때문에 피해자는 가정을 파괴한다는 죄책감마저 가질 수 있어. 게다가 '접근금지 처분'만으로는 협박이나 회유 같은 2차 피해를 피하기 힘들다 보니 이런 모든 상황은 피해자를 다시 폭력 가정으로 스스로 돌아가게 되는 거야. 결국 가정폭력은 가정 내의 문제가 아니라 사회 구조적인 문제인 거지.

혹시 이런 말 들어봤어? "마누라와 북어는 사흘에 한 번씩 두들겨 패야 한다". 속담도 아닌데 대체 어디서 시작된 말인지 모르겠어. 이렇듯 가부장적 문화와 남존여비사상은 우리 의식에 뿌리 깊게 박혀 있어. 흔히 사용하던 속담 중에도 성차별적인 것들이 있어. 가령 "암탉이 울면 집안이 망한다", "여자 팔자는 뒤웅박 팔자", "여자 셋이 모이면 접시가 깨진다" 같은 것들. 심지어는 여성에 대한 차별의식을 마치 '미덕'이나 '법도'인 양 정당화해놓은 것들도 있어. '삼

작자 미상, 〈잔소리꾼에 대한 처벌〉, 1880년, 판화. 대영도서관 소장.

종지도[*]나 '칠거지악[***]'이라는 그럴듯해 보이는 이름을 붙여서 말이야. 심지어 말 많은 것도 '악'이고 '죄'였던 거야. 그건 어쩌면 여성들에게 '목소리를 내지 마라', '존재감을 드러내선 안 된다'라는 강력한 경고가 아니었을까. 그런데 놀라운 건, 우리나라만 그랬던 게 아니라는 거야.

이 그림은 〈잔소리꾼에 대한 처벌〉이라는 제목의 판화야. 사슬에 묶인 여성이 군중 속을 지나는 듯한 모습이지? 그 옆에서 사슬을 끌고 있는 남자는 종을 흔들면서 주변의 시선을 집중시키고, 모

---

[*] 여자가 따라야 할 세 가지 도리. 시집가기 전엔 아버지를, 시집가서는 남편을, 남편이 죽은 후에는 아들을 따라야 한다.

[*] 아내를 내쫓을 수 있는 일곱 가지의 허물. 즉, 시부모에게 순종하지 않는 것, 자식을 낳지 못하는 것, 행실이 음탕한 것, 질투하는 것, 나쁜 병이 있는 것, 말이 많은 것, 도둑질하는 것을 말한다.

여든 사람들은 하나같이 비웃는 듯해. 그림 제목이 말해주는 것처럼 이 여성은 잔소리가 많아서 처벌받는 중이야. 영국에선 16세기부터 잔소리가 많은 여성에게 아예 '잔소리꾼 굴레$^{scold's\ bridle}$'라는 이름의 재갈을 물렸대. 남자를 성가시게 하거나, 남자한테 짜증을 내거나 잔소리를 했다는 이유로. 여자가 쓴 재갈은 입 부분에 혀를 누르는 장치가 있어서, 이 재갈을 물리면 아무 말도 못 하게 된대.

이 사진 속 가면의 이름은 〈치욕의 가면^{Schandmaske}〉이야. 이것 역

독일 로텐부르크 중세범죄박물관에 전시되어 있는 〈치욕의 가면〉. 사진 이유리.

꼬리에 꼬리를 무는 그날 이야기

시 이름에 걸맞게 길게 늘어진 혓바닥, 짐승처럼 크게 솟은 귀가 흉측한 모습이지? 정수리 위에는 길게 종이 연결돼 있어. 이것 또한 사람들을 모으는 용도지. 종소리가 들리면 사람들은 조리돌림을 시작했던 건데 이 끔찍한 가면 역시, 말을 많이 하는 여성에게 씌웠대. 이런 형벌은 법적 처벌뿐만 아니라 사회적인 비난을 동시에 가하는 일종의 마녀사냥이야. 모든 사람들에게 본보기를 보여주는 거지. '여성들이여, 말을 하지 말라!' 하고 말이야. 시대와 국가를 막론하고 여성이 말하는 걸 싫어했던 거야. 고분고분하고 순종적인 여성상을 바랐던 거겠지. 이렇듯 여성을 억압하는 남성 중심의 가부장제는 꽤 강력하게 오랫동안 일상적인 부분에서 우리의 생각을 지배해왔던 거야.

오늘날 다시 '정조'를 논하다

2018년 대한민국 법정에서 재판부는 또다시 성폭행 피해 여성에게 '정조' 관념에 대해 언급했어. 바로 신망받던 한 정치인의 비서 성폭행 사건이야. 1심 판결은 무죄였어. 가해자가 어떤 폭행이나 협박도 없었고 피해자의 성적 자기 결정권이 제한되지 않았다는 이유였지. 그런데 가해자와 피해자는 도지사와 비서 관계라 사회적 지위로 보아 힘의 우열이 분명한 관계야. 위력威力은 분명 존재해.

1심 재판 과성에서 쟁점이 된 건, '피해자다움'이라는 말이었어. 피해자가 피해자답게 행동해야 하는 걸 의미하는데, 주로 성폭행 피해자에게 강요되는 말이지. 피해자는 최대한 격렬히 저항해야 하고, 피해 상황이 끝난 뒤에는 곧바로 신고해야 하며 분노하거나 우울해해야 한다는 통념이야.

재판부는 피해자에게 물었어. 원치 않던 성관계였고 성폭력이었다면, 왜 강하게 거부하지 않았냐고. '정조를 지키지 않고 뭘 했냐'라는 취지의 발언이었지. 가해자가 억울한 누명을 쓰지 않도록 유념할 필요도 있지만, 늘 피해 여성의 태도를 문제시하는 시선이 여전히 존재하고 있다는 증거야.

2심에서는 징역 3년 6개월이 선고됐어. 그리고 2심 재판부는 '성인지 감수성'이라는 말을 언급했어. 요즘은 '성인지 감수성'이라는 말 많이 쓰잖아. 성별 차이에 따른 불평등 상황을 인식하고 성차별적 요소를 감지하는 민감성. '젠더 감수성'이라고도 하지. 그리고 사회의 낮은 성인지 감수성은 피해자들에게 2차 피해를 주기도 해. 실제 성폭력 피해자들이 사건 후 가장 많이 듣는 말이 이런 말들이래.

피해 사실을 주변에 알려봐야 이로울 게 없어.

피해를 공개하는 건 부끄러운 일이야.

네가 남자한테 만만해 보여서 그런 일이 생겼을 거야.

네가 유혹한 거 아니야?

술 취한 상태에서 성추행이나 강간을 당했으면, 너도 책임이 있어.

어때? 1955년 카사노바 박인수 사건의 재판 현장이 떠오르지 않아? 60년 이상이 지난 오늘날이라고 여성에게 정조를 요구하고 여성의 행실을 따지고 드는 사회 분위기가 완전히 없어진 게 아니야. 정조에 관한 명문화된 죄는 분명 사라졌고, 평등을 추구하는 다양한 법과 제도가 만들어졌지. 여성이 목소리를 낸다고 재갈을 물리지도 않아. 많이 변화했지. 하지만 조금씩 더 나아졌으면 해. 어렵지 않아. '여성'이기에 앞서 사람이라는 걸, 한 인간으로서 존중받아야 한다는 것만 기억하면 돼.

"오늘은 내가 설거지 좀 해줄까?" 하고 무심코 내뱉은 말에 아내는 '이 남자가 또?' 하는 표정으로 눈살을 찌푸린다. 그러고는 얘기한다. "그냥 하면 되지, 해주는 건 또 뭐냐?"

40대 남성, 남편, 아빠, 직장인이라는 정체성을 가지고 현재의 한국 사회를 살아가는 나는, 지금도 여전히 성차별적 말과 행동들을 지적받곤 한다. 처음에 내가 그랬던 것처럼, 우리 부부의 대화가 어떤 의미를 담고 있는지 여전히 이해하지 못하는 사람도 있을 것이다.

놀랍고 불편한 이야기지만, 아주 옛날로 거슬러 올라가면 여성이 정복과 약탈의 전리품이었던 시대가 있었다. 지금은 상상하기조차 어려운 범죄지만 그때는 그것을 당연하게 받아들였다. 그리고 오랜 세월 동안 남성 권력 강화의 핵심 기제로 작동해온 가부장제는 여성을 도구화하고 남성의 소유물로 인식해왔으며 그것이 우리 사회의 지배적 가치관이었다.

하지만 근대에 이르러 인간이 '자유'와 '평등'이라는 인류 보편의 가치를 발견하고 이를 실현하기 위해 노력하면서, 이제는 많은 사람이 가부장제와 남성우월주의는 사라져야 할 잘못된 가치관이라는 걸 알고 있다. 그럼에도 여전히 가부장제의 폐습은 우리 사회구조에 뿌리 깊게 자리 잡은 채 성차별적 관념으로 작동한다. 마치 짙은 물감처럼, 조금 옅어지긴 했지만 여전히 우리 일상의 말과 행동을 지배하고 있는 것이다.

이러한 구조화된 성차별은 누군가에겐 너무나 익숙하고 자연스러운 일상으로 느껴지기에, 차별이라고 인식하기조차 어렵다. 그래서 불편하지만, 의심하고 경계하려는 노력이 필요하다. 내가 하는 말과 행동이 성차별적 의미를 담고 있진 않은가? 일상의 차별을 어떻게 인식하고 받아들일 것인가? 우리가 살아가는 사회가 정말 평등한가?

지금은 그런 시대가 아니라는 생각은 오만이자 착각일 뿐이다. 공고한 구조 안에서 익숙한 생각으로 바라보는 한 변화는 받아들이기 쉽지 않을 것이다. 차별은 지금도 여전히 현재진행형이고, 모든 일이 그렇듯 평등한 세상은 저절로 오지 않는다.

두 번째 이야기 · 장윤정

미궁 속에 남은 정치 테러

공작명 KT 납치 사건

나의 신앙은 역사다.
역사에서 정의는 결코 패배하지 않는다는 것을 나는 믿는다.

-김대중

은밀하게, 더 은밀하게

만약 이 이야기의 끝이 달랐다면 대한민국의 역사는 어떻게 바뀌었을까? 감히 상상하기조차 힘든 전대미문의 첩보작전! 그날의 이야기는 1973년 무더운 어느 여름날, 일본 도쿄에서 시작돼. '그들'은 한 남자의 주변을 맴돌고 있었어. 그림자처럼 은밀하게, 멀지도 가깝지도 않은 거리를 유지하면서! 그들의 정체는 KT공작단. 이 이름은 그들의 타깃에서 따온 거야. 이들이 쫓고 있는 남자의 암호명이 바로 KT였거든. 그의 뒤를 쫓은 지 벌써 한 달째야. 실시간 미행에 도청까지, 수단과 방법 가리지 않고 정보를 모아온 끝에 오늘 KT가 이 호텔에 온다는 첩보를 미리 입수했어.

오늘도 어렵겠는데요?

안 돼, 시간이 없어. 무조건 오늘이야. 오늘 꼭 해야 돼.

그가 머물 방의 옆방과 앞방엔 이미 공작원들이 잠복해 있는
상황, 이들은 KT가 로비로 내려오는 걸 확인하고 그 근처에 은밀하
게 공작원들을 배치해 기회를 노렸어. 그런데 한 가지, KT 옆을 그
림자처럼 지키는 건장한 경호원이 마음에 걸려. 좀처럼 오지 않는
기회를 엿보며 KT 주변을 맴돌던 그때, 호텔 로비 한복판에서 KT
가 걸음을 멈춰. 무슨 얘길 나누나 가만히 들어봤더니 경호원과 이
런 얘길 나누는 거야.

정말 괜찮으시겠습니까…

걱정 말게, 한시엔 내려올 테니 시간 맞춰 대기해주게.

KT가 혼자 객실로 올라가겠다는 거야. 그야말로 다시없을 절호
의 기회! 잠시 후 22층에서 엘리베이터가 멈추고 스르륵 문이 열리
자, 그 남자 KT가 내려. 정말 그는 혼자였어. 저벅, 저벅, 저벅… 복
도를 지나 한 객실 앞에서, 철컥 문을 열고 안으로 들어가. 그가 들
어간 방은 2211호와 2212호가 연결된 스위트룸이야. 그리고 그 앞

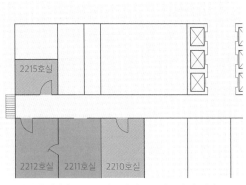
사건이 일어난 도쿄 그랜드 파레스 호텔 22층의 배치도.

방과 옆방엔 벌써 공작단원들이 기다리고 있지. KT가 들어간 방에
는 이미 두 명의 남자가 먼저 도착해 있었어. 남자 세 명이 스위트룸
에서 만나 룸서비스로 점심을 먹은 거야. 흔치 않은 풍경이긴 하지.

　세 남자가 모인 그 방에선 말소리도 거의 들리지 않았어. 사실
KT는 늘 '도청'에 대비하고 있었거든. 밖으로 소리가 새어 나갈까
봐 중요한 단어는 필담으로 적어가면서, 은밀하게 입만 뻥긋대며 대
화를 나눈 거야. 그리고 1시간쯤 지나 KT가 먼저 자리에서 일어나
복도로 나와. 바로 그 순간!

　지금이야!

앞에 있던 2215호 문이 열리면서 누군가 튀어나와. KT의 목을 낚아채고 손수건으로 코와 입을 틀어막은 채 질질질…, 옆방인 2210호로 끌고 가는 거야. 그 방이 바로 공작단의 본부였거든. 방 안엔 작은 키에 딱 벌어진 어깨, 다부진 체격의 한 남자가 기다리고 있었어. 납치범들의 보스야. 그가 지켜보는 가운데 괴한들은 KT를 쓰러뜨렸어. 순간적으로 목을 짓누르면서 두 손을 뒤로 꺾어 밧줄로 묶은 뒤. KT의 귀에 대고 이렇게 속삭였지.

조용히 하지 않으면 죽여버린다.

그런데 사건이 벌어졌을 때, 복도엔 KT만 있었던 게 아냐. 스위트룸에 같이 있던 일행 중 한 명이 배웅한다고 따라나섰다가 납치 상황을 목격했지. "이게 무슨 짓이냐, 웬 놈들이냐" 하면서 KT가 끌려가는 옆방으로 따라가려는데, 괴한들이 턱! 앞을 가로막아. 그리고 아주 점잖게 얘기해.

떠들면 한국의 수치가 됩니다. 조금만 참으시죠. 잠깐이면 됩니다.

그러면서 그를 다른 방으로 밀어 넣은 거야. 바로 옆방에 KT가 납치돼 있었지만 무슨 일이 일어나는지 알 수가 없어. 그렇게 한 30분쯤 지났을까. 감시하던 괴한들이 밖으로 나가고 얼마 뒤, 밖이 조용해졌어. 어딜 갔나, 궁금하던 차에 갑자기 문이 벌컥 열리고 한 남자가 방으로 뛰어 들어와서 "저희 선생님, 여기 계십니까?" 하고 묻는 거야. 로비에서 기다리던 KT의 경호원이었어.

밑에서 기다리고 있었죠…. 저는 어떤 시간이, 예정이 있다 하더라도 "시간이 됐습니다"라는 말을 안 했어요. 그러니까 내려올 때까지 기다리는 게 하나의 풍습이었죠. (…) 방에 들어가니까 어른이 두 분 계셨어요. 그래서… 아주 빠른 한국말로 뭐라고 했어요. 저는 사투리 이해하기가 어려운 상황…, 뭐라고 시끄럽게 야단치고 했어요. 근데 옆에 방에 있다고 했어요. 옆에 방에.

- 김강수 경호원 인터뷰 중

겁에 질린 두 남자에게 자초지종을 들은 경호원은 곧장 옆방으로 달려갔지만 당연히 문은 잠겨 있었어. 호텔 측에 사정을 말하고 마스터키를 가져오긴 했는데, 그냥 덜컥 들어갈 순 없잖아. KT가 괴한들에게 인질로 잡혀 있는 상황이니까. 일단 최대한 조용히, 조심조심 열쇠를 돌렸어. '딸깍' 하고 잠금장치가 풀리자마자 손잡이를 돌리면서 문을 확! 열어젖혔는데 방이 텅 비어 있어. 아무도 없어. 대신 그 방, 2210호에선 코를 찌르는 냄새가 진동하고 있었지. 썩는 냄새? 피 냄새? 둘 다 아니야. 코를 찌르는 그 냄새의 정체는 약 냄새, 화학약품 냄새였어.

경호원이 방 안을 둘러보니 화장대에 담배 파이프가 있어. 확인해보니 납치된 피해자 KT의 물건이 확실해. 그리고 의자엔 그가 입었던 자켓도 걸려 있어. 이걸 봤을 때 KT가 이 방에 있었던 건 분명한데… 대체 어디로 사라졌을까? 이윽고 신고를 받고 출동한 일본 경찰이 호텔에 도착했어. 그때나 지금이나 변함없는 수사 원칙, 답은 늘 어디에 있다? 그래, 현장에 있다! 납치된 남자가 끌려 들어간 2210호는 무척이나 어지럽혀진 상태였어. 뭐가 있었는지 하나하나 살펴볼까?

우선 가로로 긴 '대형 배낭'이 2개 있었는데, 참고로 안은 텅 비어 있었어. 그리고 그보다 작은 갈색 등산 배낭과 숄더백 그리고 나일론 로프가 한 뭉치 있어. 로프는 길게 펴보니 13m 정도 되는 길이야. 휴지가 잔뜩 있는데 피가 좀 묻은 것도 있어. 그리고 정체불명의 약이 3분의 1 정도 남아 있는 병도 있었는데 냄새를 맡아보니…

납치 사건이 발생한
2210호에 남은 대형 배낭.

사건 현장에서 발견된
북한 담배 '백두산'

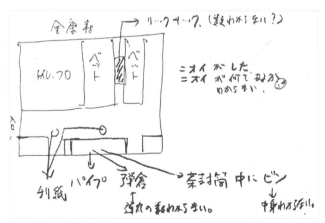

사건 현장의 배치도 메모.

공작명 KT 납치 사건

어? 이거 아까 그 냄샌데? 방에 들어올 때 나던 그 냄새야. 확인해 봤더니 이건 페노바르비탈[phenobarbital]이라는 수면 마취제야. 미국의 배우 매릴린 먼로[Marilyn Monro]* 알지? 그녀가 사망했을 때 위에서 페노바르비탈 47정에 해당하는 성분이 발견됐거든.

앞에서 코와 입을 손수건으로 막았다고 했잖아. 그럼 이 약으로 피해자를 마취시킨 건가? 그럴 수도 있겠다! 그리고 실탄이 일곱 발 꽉 채워진 39구경 권총용 탄창도 발견됐어. 이상한 건 탄창 안에 든 총알들이 제조사가 서로 다르다는 점이었어. 게다가 어떤 총알은 여기저기 녹슨, 아주 오래된 탄환이었어. 쓰던 탄창을 재활용한 건가? 그 순간, 일본 경찰들의 촉이 움직였지. 그런 자들을 아주 잘 알고 있었거든. 누구일까?

자, 이탈리아의 폭력조직은 마피아고 중국의 폭력조직은 삼합회잖아. 그렇다면 일본에는? 야쿠자가 있지! 쓰고 남은 탄창을 다시 사용하는 게 당시 일본 야쿠자들이 잘하는 짓이었대. 방 안에선 담배도 여러 개피 발견됐는데, 담배갑 하나가 눈에 띄었어! 바로 '백두산'이라고 하는 북한 담배였어.

---

* 미국의 배우이자 모델로, 1950년대와 1960년대 여러 영화에 출연하며 섹스 심벌로 자리 잡았다. 1962년 8월 5일 새벽 36세의 나이로 사망하였으며, 사인은 '약물 과다복용에 따른 자살'로 추정된다.

현장을 살펴본 것뿐인데 꽤나 많은 것들을 찾았지? 이것들을 가지고 추리해볼 만한 게 있을까? 일단 범인이 누구인지 생각해보면⋯ 북한 출신의, 그러니까 재일교포인 야쿠자인 걸까? 야쿠자가 그를 납치해서 커다란 배낭에 KT를 담아서 몰래 빠져나가려고 했을지도 몰라. 그러다가 목격자가 있으니까 복도로 나가는 걸 포기하고, 로프를 내려서 창밖으로 몰래 빠져나간 건 아닐까? 남아 있는 나일론 로프는 그 흔적인 거지. 어라, 그런데 생각해보니 사건 현장은 호텔의 22층이잖아. 어디 한적한 시골도 아니고, 도쿄 한복판의 호텔 22층에서 사람 하나를 둘러메고 창을 통해 나간다는 게 가능한 일일까?

으음⋯ 분명히 흔적이 잔뜩 남아 있는데도, 갈피가 잡히지가 않아. 뭔가 좀 이상하지 않아? 명색이 범죄 현장인데 흔적이 많아도 너무 많잖아. 미리 KT의 방을 포위하는 형태로 방들을 빌리고 본부까지 차린 걸 보니 분명 치밀하게 준비한 작전일텐데, 왜 이렇게 많은 흔적을 남겼을까? 설마 수사에 혼선을 일으키기 위한 일종의 트릭인가? 너무 당황한 나머지 뒷정리를 못 했을 수도 있겠지만 증거를 남겨도 잡히지 않을 거란 확신이 있었던 것인지도 모르지.

이렇게 남은 사람들과 일본 경찰이 혼란에 빠져 있을 때, KT를 태운 차량은 이미 도쿄를 빠져나가고 있었어. 운전석에 한 명, 조수석에 한 명, 뒷좌석에 세 명. 그리고 뒷좌석 밑바닥에 한 명. 바닥에 엎드린 사람은 호텔에서 납치된 그 남자, KT였어! KT를 납치한 이들은 그의 팔다리를 결박하고 입에 테이프를 붙인 뒤, 바닥에 엎드려 눕힌 뒤 등 위를 밟고 있었던 거야. 살짝 꿈틀대기만 해도 구둣발로 걷어차면서 말이지. 그 모습을 보는 보스의 얼굴엔 만감이 교차해.

KT, 드디어 그를 내 손으로 잡았다!

공작단의 보스! 그는 한국의 007, 한국의 제임스 본드^{James Bond}[*]로 통하는 자야. 어떤 불법적인 일이라도, 어떤 위험한 일이라도 결코 몸 사리는 법이 없었지. 남북한을 나누는 군사분계선(휴전선)도 수없이 넘어갔다 온 대단한 인물이야. 혹시 육군첩보부대^{Headquarters of Intelligence Detachment, HID}라고 들어본 적 있어? 첩보 활동에는 여러 종류가 있는데 HID는 주로 적진에 침투해서 임무를 수행하는 적극적인 첩보 활동을 맡아. 말하자면 북파공작원들이 여기 속하지. 공작단의 보스는 아주 오랫동안 베일에 싸여 있던 북파공작원 출신의 현

---

* 영국 작가 이언 플레밍의 작품에 나오는 가상의 영국 첩보원이다. 영화 〈007 시리즈〉의 주인공으로, 전 세계에서 가장 유명한 첩보원이다.

역 육군 대령 윤 대령이었어. 그의 이름이 공식적으로 확인되는 데만 20년이 넘게 걸렸을 만큼 그는 철저히 베일에 싸인 인물이었지.

'121 무장공비 침투'*, 이른바 김신조 사건은 알고 있어? 그 사건 이후 "우리도 북한에 보복할 수 있는 부대를 만들자" 하는 취지로 만든 특수부대가 있어. 이름하여 684부대! 1968년 4월에 만들었다고 684부대라고 이름 붙인 이 부대가 그 악명 높은 실미도 부대야. 실미도 부대를 창설하고 지휘한 인물이 바로 공작단의 보스 윤 대령이었어. 그런 엄청난 이력을 가진 군인이 왜 이런 짓을 했을까, 그것도 남의 나라까지 가서! 사실 이 사건은 그의 머리에서 나온 계획이 아니야. 의뢰인이 있었어. 이 사건의 의뢰인은 윤 대령에겐 아주 특별한 사람이거든. 그가 HID에 처음 들어갔을 당시 부대장이었던 사람이야. 말하자면 윤 대령을 믿어주고 끌어준 하늘 같은 군대 선배였던 거야. 그가 윤 대령을 부른 건, 사건이 벌어지기 20여 일 전이야.

---

* 1968년 1월 21일, 북한 민족보위성 소속 공작원 31명이 박정희 대통령을 암살하기 위하여 서울까지 침투해 들어온 사건이다. 이 사건의 유일한 생존자가 바로 김신조로, 그 이름을 따서 '김신조 사건'이라고 부르기도 한다.

납치 사건 D-20일, 1973. 7. 19.

아무래도 그 물건을 빨리 처리해야겠어.

의뢰인은 이미 오래전부터 KT의 일거수일투족을 거의 실시간
으로 파악하고 있었어. KT가 주로 일본과 미국에서 활동하기 때문
에, 일본 자위대 정보장교 출신인 탐정까지 고용해 미행을 붙였대.
KT를 미행하고 조사한 기록만 수천 페이지에 달해! 그런데도 번번
이 그를 놓쳤다는 거야.

자네에게 이런 일까지 맡기는 게 나도 내키진 않는데,
위에서 너무 쪼아서 말이야.
　　대한민국에 해가 된다면, 그냥 둘 수는 없죠.
자네는 현장 지휘만 해줘. 애들이 야쿠자도 섭외해놨어.
　　안 됩니다! 야쿠자는 꼭 뒤탈이 납니다.
　　전문가 아니라도 괜찮으니,
　　믿을 만한 사람 몇 명만 붙여주십시오.

이 대화의 흐름에서 알 수 있듯이, 윤 대령은 평소부터 애국심

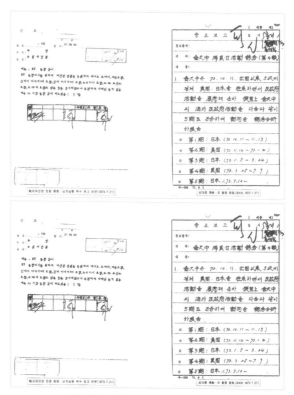

KT를 미행·조사한 기록이 수천 페이지에 달한다.

이 강하고 매사에 철두철미한 사람이었어. 그러니 야쿠자를 섭외해 놨다는 의뢰인의 말에 그가 펄쩍 뛰었지. 그렇게 해서 꾸려진 게 바로 KT 공작단이야. 이 납치 사건에 동원된 인물이 정보요원만 해도 25명에, 기타 선원 등도 21명이나 됐어. 스케일 장난 아니지? 그런데 이런 비밀 작전엔 사람이 많은 게 무조건 좋은 것만은 아냐. 입이 늘어나면 그만큼 말이 샐 가능성도 높아지니까 보안 유지가 어렵지. 그래서 실력이 좀 달리더라도 신원이 확실한, 믿을 만한 사람들로 팀을 구성했어. 감시조, 납치조, 이동조, 해상운송조 등 9개조로 나누어 역할을 분담했어. 그 모든 작전조를 연결하고 전체의 그림을 그리는 책임자가 바로 윤 대령이야.

납치 사건 발생 5시간 후, 1973. 8. 8.

다시 납치 당일로 돌아가보자. 도쿄 호텔에서 납치에 성공한지 5시간 후인 저녁 6시경, KT를 태운 차량은 오사카에 도착했어. 그런데 윤 대령의 얼굴이 어쩐지 어두워. 뭔가 걸리는 게 있는 눈치야. 범죄 현장을, 그것도 한국 사람에게 제대로 목격당한 게 너무 찜찜한 거야! KT가 다른 사람과 같이 방을 나올 수 있단 계산은 하지 못했거든. 사실 더 이상 미룰 시간이 없기도 했고. 그러다 보니 뒷마무리도 프로답지 못했어. 호텔 납치조가 KT를 끌고 먼저 나오면 감시조가 뒷마무리를 하고 호텔을 떠나기로 했는데 다들 당황해서 그냥 나와버린 거야. 두고 나와야 할 것과, 두고 나오지 않아야 할 것을 몽땅 다 그 방에 남겨둔 채.

북한 담배, 야쿠자식 탄창은 그곳에 두고 나옴으로써 오히려 수사에 혼선을 줄 수 있었지. 하지만 배낭에 로프, 휴지까지 그 방에 몽땅 두고 나오는 바람에 시나리오가 다 엉켜버렸어. 게다가 결정적으로, 절대 남기지 말았어야 할 '그것'까지 남겨놨어. 그들이 떠난 사건 현장, 호텔 2210호에서 일본 경찰에 의해 발견된 결정적 증거! 바로 유리잔 위에 선명히 찍혀 있던 지문 말이야.

호텔 현장에 남아 있던 건 누구의 지문이었을까? 그런데 여기가 어디라고? 일본. 지문이 나와봐야 등록이 안 된 지문이라면 대조할 수가 없어. 신원을 찾을 수 없는 거야. 그런데 웬걸? 지문이 바로 검색이 되네. 검색 결과를 받아든 일본 경찰들은 크게 당황할 수밖에 없었어. 왜냐? 그 지문의 주인이 예상 밖의 인물이었거든. 과거 일본에서 오랫동안 기자로 활동했던 인물이자 현재 일본에 있는 한국영사관의 공무원, 그것도 1급 서기관의 지문이었어. 이게 어떻게 된 일일까? 납치 사건에 한국 외교관이 연루됐다는 건가? 그런데 그때 의외의 장소에서 결정적 증인이 나타나. 납치 사건이 벌어진 호텔 주차장의 주차요원이 그날, 수상한 차 한 대를 봤다고 진술한 거야!

바로 이 차, 닛산[NISSAN] 스카이라인 2000GT! 이 차가 왜 수상했냐고? 당시 이 차는 일본 카 마니아들 사이에서는 전설이나 다름없었거든. 1964년 일본 스즈카 서킷에서 열린 일본 그랑프리 경주에서 포르쉐 904와 맞서, 당시 일본인들에게 꿈과 희망을 안겨주었던 전설의 모델! 말하자면 일본 국산차의 자존심이었지. 그런데 이런 좋은 차를 타고 다니면서 주차 요금도 안 내고 도망을 갔다는 거야! 이게 말이 돼?

내가 너 지구 끝까지 쫓아가서 주차 요금 받아내고 만다!

약이 오른 주차요원이 차 번호를 적어뒀어. '시나가와[品川] 55모[も] 2077'! 이 차가 들어왔다 나간 시간을 확인해보니 납치 사건이 벌어

KT 납치 사건의 단서가 된 전설의 명차, 닛산 스카이라인 2000GT.

진 시점과 딱 맞아떨어져. 차량 조회를 해봤지. 그랬더니 차주가 한국인! 게다가 이 차가 요코하마에 있는 한국영사관 부영사의 차량이래! 이게 어떻게 된 일이래. 납치범들이 머물렀던 방 안에서 한국 외교관의 지문이 나오고, 납치 차량으로 의심되는 차 역시 한국 외교부 고위 공직자의 차라니! 정말 이 납치극이 한국 외교관들의 소행일까?

그 시각 도쿄에서 약 500km 떨어진 오사카 앞바다엔 수상한 배 한 대가 떠 있어. 화물선이었지. 배 이름은 용금호야. 갑자기 엔

추적을 피하기 위해서일까? 이후 용금호는 '유성호'로 이름을 바꾸었다.

진이 고장 났다며 항구에서 멀찍이 배를 정박해둔 게 벌써 열흘째였어. 그런데 선원들이 좀 이상해. 딱히 엔진을 고치려는 노력도 별로 하지 않는 것 같고, 몇몇은 정장 차림에 넥타이까지 매고 있어. 그 더운 여름에 정장을 갖춰 입고 화물선을 타는 선원들이 어디 있냐고. 게다가 그 선원들은 이름도 나이도 알려진 게 없어. 가끔 다른 선원들에게 이것저것 물어보는데, 정작 자기들한테 다른 사람이 묻는 말엔 답을 해주질 않아. 그리고 조용히 서류 한 장을 내밀면서 선원들에게 서명을 받고 다녀.

이 배와 관련한 어떠한 일에 대해서도 절대 함구한다.

비밀유지계약서야. 화물선에 이런 게 대체 왜 필요할까? 게다가 같은 배 선원들끼리 왜 그런 걸 받고 다니겠어? 이거, 아무리 봐도 평범한 선원은 아닌 것 같지? 이 배가 오사카항에 들어올 때 이미 선원들 사이에서 돌고 있었다는 얘기가 있어. 이 배가 거물 간첩을 잡으러 오사카로 간다는 거야! 간첩을 잡으러 간다니? 무슨 화물선이 간첩을 잡아. 이것도 이상하지? 사실 이 배의 선주가 보통 사람이 아니거든.

배 주인은 중앙정보부(중정), 지금으로 치면 국가정보원(국정원)

에 해당하는 당시 국가정보기관의 배야. 말하자면 중앙정보부의 비밀공작선이었던 거지. 넥타이를 맨 선원들은 중앙정보부의 요원들이었어. 그리고 우리가 아는 그 남자, 공작단의 보스 윤 대령도 비밀리에 중앙정보부의 일을 하는 비밀공작원*이었던 거야. 다른 말로 하면 블랙 요원! 첩보 영화에서 종종 보잖아. 가족들조차 그가 무슨 일을 하는지 모르고 있었대.

용금호가 오사카항에 온 지 열흘째 되던 날 밤, 철썩거리는 파도 소리와 끼룩끼룩하는 갈매기 소리만 울려 퍼지는 오사카의 한 해안에, 칠흑 같은 어둠을 헤드라이트 불빛으로 가르며 달려오는 차 한 대가 있었어. 멈춰선 그 차에서 내린 남자는 한국의 007, 윤 대령이야. 그날은 도쿄에서 납치 사건이 벌어진 8월 8일, 자정을 겨우 1시간 앞둔 때였어. 미리 준비해둔 보트를 타고 바다 위에 떠 있던 용금호까지 은밀하게 접근한 그들은 그 배에 몰래 화물 하나를 실어. 마치 미라처럼 얼굴과 온몸을 테이프로 친친 감아놓고 머리에 보자기를 씌운 사람! 호텔에서 납치된 그 남자, KT야.

---

* 비밀공작원, 즉 블랙 요원의 본명은 거의 일러시지 않지만 예외가 한 명 있다. 암호명 '흑금성' 박채서 씨는 1997년 대선 당시 우연히 김대중 후보를 낙선시키기 위한 북풍 공작을 알게 되고 이 사실을 김대중 후보 대선 캠프에 알린다. 이후 2010년 그는 간첩 혐의를 받아 징역을 살게 됐고, 출소 후 지금까지 억울함을 호소하고 있다.

난데없이 사람 하나가 묶여서 배에 올라오니 선원들은 얼마나 놀랐겠어. 하지만 오면서 돌았던 소문이 있었기 때문에, '그 간첩 거 참 대단한 거물인가 보다, 아주 꽁꽁 묶어놓은 걸 보니' 하고 생각 했대. 선원들은 배에 올라온 KT를 갑판 밑 비밀 창고로 옮겼어. 그런데 옮기는 동안 팔다리며 얼굴에 감은 테이프가 좀 뜯겨졌을 거 아냐. 중앙정보부 요원들의 지시를 받은 선원 몇 명이 보자기를 벗겨내고 그의 얼굴에서 테이프를 뜯기 시작해. 조심조심 뜯는데 살짝 보이는 양 볼이 벌겋고 팅팅 부었어. '엄청 맞았나 보네' 생각하며 다시 테이프를 뜯는데, 어? 설마, 그럴 리가 없는데… 뭔가 느낌이 싸해. '아니겠지, 아닐 거야' 하면서도 테이프를 뜯는 손이 막 떨려. 어디선가 본 듯한 익숙한 윤곽. 마침내 입에 붙은 테이프까지 '탁' 뜯어내자…. "헉!" 다들 소스라치게 놀랐어.

아니, 이게 어떻게 된 거야… 설마 이 사람이…?

거물 간첩인 줄로만 알았는데 얼굴에 감긴 테이프를 뜯어내자, 감히 상상조차 할 수 없었던 인물이 모습을 드러낸 거야. 그 자리에 있던 모두가 단번에 알아볼 수밖에 없었던 얼굴. 납치 사건이 벌어지기 2년 전의 대통령 선거에 후보로 출마한 인물. 그리고 납치 사건 25년 후에 대한민국의 대통령이 된 사람! 아직 누군지 모르겠어? KT… 그는 바로 김대중 전 대통령이야!

박정희의 대항마 KT

그런데 KT, KT 하고 말할 때, 김대중 전 대통령을 가리키는 말이라고 짐작할 수 있었어? 흔히 김대중 전 대통령을 부를 때 DJ라고 하잖아. 이른바 삼김시대*에도 김대중=DJ, 김영삼=YS, 김종필=JP라고 불렀는데, 왜 암호명이 KT일까? 이런 이니셜을 쓰기 시작한 건 1990년 즈음이야. 1973년엔 아직 DJ라는 호칭이 널리 쓰이지 않았어. 오히려 이땐 미국 외교문서에 김대중을 영어로 'KIM TAE CHUNG'으로 적은 것들이 많았지. 아마 여기에서 앞의 두 글자를 따, KT라고 한 게 아닌가 싶어. 물론 추측일 뿐이지. 게다가 사실 암호라는 게, 남들이 들어도 누굴 말하는지 바로 알아차려버리면 아무런 의미가 없잖아.

---

* 대한민국 정치사에서 김대중·김영삼·김종필, 세 명의 정치인이 중심적인 역할을 했던 1950년대부터 2000년대를 가리키는 말이다. 삼김을 주인공으로 하여 재구성한 드라마 〈삼김시대〉가 SBS에서 제작·방송되기도 했다.

KT는 신주쿠구 토츠카 ○○○ 맨션에 투숙하고 있음 확인

KT 숙소에는 보디가드 2명이 항상 행동을 같이하고 있음

KT의 건강상태는 아주 좋지 않은 것 같으며 한쪽 다리를 절고 있음

당시 중앙정보부는 김대중을 KT라는 암호로 부르며 오랫동안 몰래 감시해왔어. 당시에 작성된 이른바, 〈KT 보고서〉의 내용이야. 이런 보고서가 수천 장씩이나 되는 이유가 뭘까, 왜 중앙정보부는 당시 야당 국회의원 출신의 민간인이었던 김대중을 감시하고 납치했을까? 납치 사건이 벌어지기 2년 전, 마흔일곱 살의 젊은 정치인이었던 김대중은 야당인 신민당 후보로 대선에 출마해. 당시 여당 후보는 3선에 도전하는 현직 대통령, 민주공화당의 박정희! 이 두 거물이 1971년 대통령 선거에서 맞붙어.

이번에 박정희 씨가 승리하면 앞으로는 선거도 없는 영구집권 총통 시대가 온다는 것에 대한 확고한 증거를 나는 갖고 있습니다!

- 김대중, 〈장충단 공원 연설〉, 1971. 4. 18.

이 사람들은 최근에 와서는 "박정희 대통령이 당선되면 총통제를 만들어가지고 영구 집권을 할 것이다"라는 말을 하고 다닌다고 합니다. (…) 재작년 1969년도에 국민 투표를 했습니다. 그때 내가 여러분들께 "내가 벌이고 있는 방대한 사업이 아직까지 매듭지어지지 않았습니다. 이것을 매듭짓고 마무리하기 위해서는 내가 한 번만 더 나왔으면 좋겠는데, 한 번만 더 나가도 좋겠습니까" 하고 물었습니다. 그러니까 여러분들은 "그래, 한 번만 더 나가도 좋다" 하면서 여러분들이 도장을 찍었습니다, 여러분들이. "두 번, 세 번 야당 사람들 말처럼 총통제를 만들어가지고 열 번이라고 해 먹어도 좋다"라는 뜻이 절대로 아니라는 것을 나는 잘 알고 있습니다.

- 박정희, 〈부산 유세 연설〉, 1971. 4. 24.

결과는… 알다시피 박정희 대통령의 승리였지. 하지만 표 차이가 고작 94만 표에 불과했어. 53.2% 대 45.3%! 그야말로 아슬아슬했으니까 박정희 대통령 입장에선 간담이 서늘했겠지. 위협적인 라이벌이 생긴 거야. 그 무렵 정치인 김대중에겐 이상한 일들이 벌어지기 시작해. 대선 기간 중 집으로 폭탄이 배달되는가 하면, 대선 직후엔 국회의원 선거 지원 유세를 다녀오다 14t 트럭과 충돌하는 사

1971년 대선에서 맞붙은 박정희와 김대중의 선거 포스터.

고를 당해. 이 미스터리한 사고로 김대중은 다리에 평생 안고 갈 부상을 입게 돼. 김대중 대통령이 지팡이를 짚고 다니기 시작한 것도 그때부터야. 자꾸 안 좋은 일이 벌어지니까 주변에서 얼마나 걱정했겠어. 암살설이 도니까 몸을 피하라는 충고도 받았어. 결국 다리 치료를 받을 겸, 일본으로 출국했는데 그사이 그 일이 벌어졌지.

1972년 10월 10월, 유신이 선포된 거야! 유신이란 말 들어봤지? 원래 유신은 '낡은 것을 고쳐서 새롭게 한다'라는 뜻이야. 좋은 말이지. 그런데 현실은 그렇진 않았던 것 같아. 새로워도 너무 지나치게 새로워. 헌법도 막 뜯어고쳤어. 유신이 선포된 그날, 무슨 일이 벌어졌냐면 일단 "국회의원들 다 집싸!", 국회를 해산시켜. 국민들이

1972년 12월에 열린 유신헌법 공포식.

가만히 있지 않을 거 아냐. 그런데 국가긴급권 발동이라면서 정치활동도 전면 금지했어! 반대 집회를 하면 무조건 쇠고랑 차는 거야. 전국에 비상계엄령이 선포됐지!

　그런 가운데 헌법을 뜯어고쳐서 박정희 대통령은 스스로 역대 최강, 막강한 힘을 가진 대통령이 돼. 웬만한 건 다 대통령 맘대로 할 수 있어! 그리고 대통령을 세 번뿐 아니라 네 번, 다섯 번 얼마든지 계속할 수 있게 만들었어. 1971년 대통령 선거 때, 김대중 후보가 했던 말 기억해? 박정희 후보가 이번에도 집권하게 되면 영구 집권 총통 시대가 올 거라고 했잖아. 그 말이 현실이 된 거지.

　당시 박정희 대통령은 거기에 대해 분명 이번이 마지막이라고,

다시는 국민들에게 표를 달라고 하는 일 없을 거라고 말했거든. 그런데 아이러니하게도, 이 말도 틀린 게 없어. 그뒤로 1987년까지 16년 동안 우리나라에서 대통령 직접 선거가 이뤄지지 않았으니까. 국민들한테 자기를 뽑아달라고, 표를 달라고 어필할 이유가 없어진 거야. 그렇게 장기 집권의 초석을 깐 게 바로 유신이야.

일본에서 이 소식을 들은 김대중은 가만히 있지 않았어. 미국과 일본 등을 돌아다니면서 적극적으로 유신의 문제를 알리고 반대하는 운동을 시작해. 여기저기 강연도 다니고 해외 언론사랑 인터뷰도 하고 반대 운동을 하기 위해 사람도 모으고 외국 정치인들도 만나고! 이러니 정권 입장에선 얼마나 눈엣가시였겠어. 그래서 누가 움직였다? 그래, 중앙정보부!

KT 잡는 중앙정보부

자, 국정원에서 제일 높은 사람은 국정원장이지. 그럼 당시 중앙정보부에서 제일 높은 사람은? 물론 중앙정보부장이야. 부장 밑에 차장이고, 차장 밑에 국장이야. 보통 회사와는 직급 체계가 다르지? 당시 중앙정보부장은 어마어마한 권력자였어. 대한민국에서 대통령

다음가는 2인자였다고 해도 과언이 아니지. 당시 중앙정보부장은 별명이 '제갈공명+조조'라 해서 '제갈조조'라 불린 인물이야. 흔히 HR란 이니셜로 통하는 이후락 부장*이지! 이 부장이 KT를 가만둘 수 있었겠어? 물론 KT가 외국과 빈번히 접촉하고, 한국에서도 대중적으로 인기를 모은 상황에서 그에게 손을 대는 건 쉽지 않은 결정이었어. 그럼에도 불구하고 손 놓고 있을 수는 없었던 거야! 얼마 뒤 일본 대사관에서 중앙정보부에 이런 보고를 올려.

> 000-07251 전문지시는 긴요한 실정이며
> 동 방안을 작성, 73.7.19 중으로 특별파우치로 건의하겠음
> — 〈국가정보원 과거사진실위원회 보고서〉(2007.10) 중

이게 무슨 말일까, 말이 좀 어렵지? 풀어서 보면 '지시한 내용에 대한 방안을 작성해서 7월 19일 특별 파우치편으로 보내겠다', 뭐 이런 얘기야. 특별 파우치가 뭘까? 화장품 같은 작은 소지품 넣어 다니는 손가방, 주머니? 설마 기밀문서를 화장품 가방에 넣어 보

---

* 대통령 비서실장과 주일본대사, 중앙정보부장을 역임했다. 대통령 비서실장 시절 직원들에게 "박정희 내봉녕을 교주로 하는 박정희교를 신앙하는 기분으로 일해라"라고 발언했다는 일화가 유명하며, 대통령의 심중을 잘 읽어서 주변에서 "박 대통령과 이 실장의 뇌신경 사이에 무선 연락이 되어 있는 게 아닌가 싶다"라고 평하기도 했다.

냈을까? 여기서 파우치는 '외교행낭'이야. 쉽게 말하면 외국에 있는 대사관에서 자기 나라로 보내는 일종의 문서발송 주머니! 파우치 안의 내용물은 그 나라 정부 외에는, 제3국이 절대! 열어볼 수 없어. 국제법이 그래. 보통 비행기 편으로 보내는데 문서든 화물이든 보안 검색 없이 무조건 프리패스야! 그만큼 중요하거나 아주 비밀리에 혹은 긴박하게 무언가를 보낼 때 쓰는 수단이지. 이날, 일본 대사관의 누군가가 파우치로 중앙정보부에 보낸 건 어떤 문서였어. 이름하여 〈KT공작 계획안〉! KT, 김대중을 어떻게 할 것인가에 대한 구체적인 작전을 세운 계획서야.

그리고 중앙정보부장 바로 밑에 있던 이철희 당시 차장보가 작전 책임자로 윤 대령을 발탁했어. 'KT공작단'의 책임자니까 이젠 윤 단장이라고 불러야겠지? 윤 단장은 중앙정보부에 불려 간 지 이틀 만에 단장이라는 비밀 직책을 부여받고 일본으로 출국해. 시간이 별로 없어. 왜냐면 일본에 있던 김대중이 얼마 뒤 다시 미국으로 출국할 예정이었거든. 생각해봐. 미국 땅에서 한국의 중앙정보부가 무슨 일을 벌이면 어떤 일이 일어나겠어? 일본에 있을 때 일을 마무리 짓는 게 여러모로 유리하겠지. 속전속결! 일본에 있는 외교관들의 정보와 인맥을 다 동원해서 KT공작이 시작된 거야!

> **D-11일**(73.7.28)
>
> 현재 임○○이 투숙 중인 호텔 특별 감시 중이나, KT 아직
> 출현하지 않음.
>
> 특별 감시를 위해 파견관이 같은 층에 '감시하는 방'을 교섭 중.
>
> **D-6일**(73.8.2)
>
> 협조자로 하여금 KT에게 자주 접촉토록 하여 이번 공작에
> 유리한 장소로 KT를 유인하려 함.

그리고 엿새 뒤, 윤 단장이 일본에 도착한 지 18일째 되던 날 사건이 벌어진 거야. 오사카로 KT를 데려온 납치범들은 그의 팔다리를 묶고 얼굴을 알아보지 못하도록 테이프를 감아 붙인 뒤, 깊은 밤을 틈타 오사카항으로 이동했어. 그땐 이미 일본 전역에 이 납치 사건이 떠들썩하게 보도되고 있었지만 한국에선 아주 짧은 단신 외엔 기사도 거의 나오지 않았어. 이런 엄청난 일이 일어났는데도 말이야.

KT를 찾아라

납치 이틀째로 접어들 무렵, 김대중을 실은 용금호는 오사카항

을 떠났어. 그 시각, 서울에 있는 또 다른 조직이 긴박하게 움직이고 있었어. 아침부터 전화벨 소리가 요란해. 이곳은 서울에 있는 주한 미국대사관이야.

알아냈습니다. 김대중은 지금 대한해협의 배 위에 손발이 묶인 채로 있습니다. 한국 중앙정보부 소행입니다.

연락을 한 사람은 미국 중앙정보국[Central Intelligence Agency, CIA] 서울지부장! 전날 납치된 김대중의 행방을 찾으라는 주한 미국 대사의 지시를 받고 밤사이, CIA가 움직인 거야. 납치가 벌어진 지 24시간이 채 지나기 전에 CIA는 김대중의 행방을 알아냈어. 하지만 조심스러웠겠지. 남의 나라 일이니 당장 뭘 어쩌기도 어려운데, 그렇다고 모르는 척하기엔 사안이 너무 중대하잖아. 당시 주한 미국 대사는 이 사실을 미국 국무부에 보고해. 그 순간에도 김대중의 운명을 실은 배는 대한해협 위를 떠돌고 있었지.

하비브[Philip Charles Habib] 당시 미국 대사는 "김대중이 도쿄에 있는 호텔방에서 납치되었다"라고 말했습니다. "중앙정보부가 이번 일을 한 것으로 보인다. 그러나 누구인지는 모르겠다…"라고 그는 말했습니다. 운 좋게도 몇몇 사람들의 도움을 받아 우리는 김대중이 중앙정보부에 의해 납치되어 그들의 수중에 있으며, 어디에 있는지는 확실하지 않지만 쓰시마해협에 배 같은 곳에 잡혀 있는 것으로 보인다고 보고할 수 있었습니다.

- 도널드 그레그^{Donald Phinney Gregg} 당시 CIA 서울지부장 인터뷰 중

그럼 이때 용금호의 상황은 어땠을까? 김대중은 닻을 넣어두는 갑판 밑 창고 안에 갇혀 있었어. 그때가 8월 말복 무렵인데 얼마나 더웠겠어? 바닥이 너무 뜨거워서 맨발로 갑판을 걸어 다닐 수 없을 정도였다는데, 밀폐된 지하창고에 갇힌 사람은 어땠겠어! 잘못하면 죽을 수도 있잖아. 하지만 더운 건 문제가 아냐. 그보다 몇 배 더한 공포가 그의 목을 조이고 있었거든.

요렇게 밧줄로 양쪽을 묶어가지고, 조금 이렇게 당길라 해봐도 끄떡 안 해요. (매달려 있었지?) 응… 그래서 그러니까 완전히 손발이 발이 이렇게 쫙 뻗힌 채로 그래가지고 (…) 아주 던질 단계인데, 뭐 얘기들을 한 걸 보니까 솜이불을 붙여놔야 물이 그 차니까 안 떠오른다는 얘기도 하고. 그리고

납치 사건 직후
인터뷰에 응하고
있는 김대중
전 대통령.

자기들끼리 무슨, 얘기하는 게 후카란 소리를 해요 후카란 소리면 그 상어가 잡아먹기 좋게 한다, 그런 얘기 같아요. 그래서 내 자신이 그냥 저, 내가 뭐, 정말 예수님께 매달렸죠. 살려달라고 그러면서 내가 기도하면서, 어… 작은 내 목숨도 물론 내가 아깝지만 내가 생각하기에는 지금 내가 죽고 나면 대신이 없어. 그… (조금만 진정해주세요, 조금만 진정해주세요, 질문하지 마시고) (우는 소리) 그래서 예수님께서 우리 국민을 불쌍히 생각해서라도 나보다 더 좋은 대신이 나올 때까지 내 목숨을 살려달라고.

- 김대중 전 대통령 납치 직후의 인터뷰 중

말복 더위에 밀폐된 창고에 갇혀서 앞은 안 보이고 꽁꽁 묶여가지고 옴싹달싹 못 하는 상태, 거기다가 들려오는 말들이 너무 무서운 거야! 물 위로 안 떠오르게 솜이불을 둘러야 된다느니, 상어밥을 만든다느니…. 이젠 정말 꼼짝없이 죽는구나 싶었을 거야. 그런데 같은 시각, 마찬가지로 말할 수 없는 공포를 느끼고 있는 사람들이 있었어! 바로 용금호의 선원들이야. 물론 중앙정보부 소속 요원들을 제외한 진짜 선원들 얘기지. 왜냐고? 김대중이 죽고 나면 선원들이라고 무사하겠어? 이미 김대중 얼굴도 보고, 자초지종을 알게 된 사람들을 뭘 믿고 보내주겠어? 일리 있는 걱정이지. 더군다나 그때 같은 시절이면 더더욱!

그런데 이때 용금호에 이변이 발생했어. 배 주변이 소란스러워지는 거야. 큰 엔진 소리 같은 게 들리는가 싶더니 갑자기 배가 빨라지고, 어디선가 "비행기다" 하는 소리가 들려와. 정체불명의 소음이 들려오던 이때, 갑자기 배 안도 우왕좌왕 어수선해졌어. 이게 무슨 일이지? 듣자 하니 누가 없대. 누가 없길래 이렇게 큰 소란이 벌어지지? 제일 중요한 김대중은 꽁꽁 묶인 채 갑판 밑 창고에 처박혀 있었는데 말이야.

사라진 사람은 바로 윤 단장이었어. KT 공작단의 현장 책임자인 윤 단장이 용금호에 타지 않은 거야. 이 소식이 전해지자 중앙정보부가 발칵 뒤집혔지. 그는 역할별로 나뉜 9개조를 연결하고 현장을 총지휘해야 하는 사람이야. 그런 그가 배에 타지 않았다니, 당연히 비상이지. 중앙정보부에서 정보망을 총동원해서 그가 아직 일본에 숨어 있다는 걸 확인하고 연락을 했지. 그런데 윤 단장의 대답이 좀 이상해. 신분이 노출될까 봐 여권을 대사관에 맡겨놓은 상태여서 출국할 수가 없었다는 거야. 다른 사람도 아니고 블랙 요원이 갑자기 웬 여권 타령? 게다가 용금호는 중앙정보부 공작선인데 여권 핑계라니 너무 궁색하잖아. 중정 입장에선 황당하지만 일단 "윤 단장이 없으면 일을 어떻게 마무리하나?" 하며 살살 달래보려고 했어. 윤 단장이 변심이라도 해서 다른 나라로 도망치면 어떡해. 행여 이 납치극이 대한민국 정부의 소행이라는 걸 만천하에 까발리면 어떡해. 박정희 정권 자체가 흔들릴 수 있는 큰일이잖아. 그런데 윤 단장은 굽히질 않았어. 오히려 더 세게 나왔지.

본부에서 알아서 마무리하십쇼.

대체 윤 단장은 무슨 생각이지? 갑자기 겁이 났나? 아니면 혹시 이 작전이 실패로 돌아가길 내심 바라고 있었던 걸까? 사실 윤 단장은 고민이 많았어. 사실 윤 단장이 처음 본 〈KT공작 계획안〉엔 김대중을 납치해서 비밀리에 한국에 데려오는 안과 야쿠자를 시켜 현지에서 제거하는 안, 이렇게 두 가지 안이 있었대. 그런데 윗분들은 계속 애매한 지시만 내리고 있었어. "윤 단장이 알아서 잘 처리해"이 거 어디서 많이 들어본 말 같지 않아? 이 시대를 배경으로 하는 영화의 유명한 대사가 생각나지.

임자 옆엔 내가 있잖아. 임자 하고 싶은 대로 해.

- 박통(이성민 분), 〈남산의 부장들〉(2020) 중

각하를 지키는 게 정말 나라를 지키는 일인가? 윤 단장의 신념도 조금씩 흔들리고 있었어. 두렵기도 했겠지. 자기가 뭘 해야 하는지, 또 어디까지 책임져야 하는지. 게다가 팀원들끼리 손발은 또 왜그리 안 맞아. 보안을 최우선으로 팀을 짜다 보니 누구 조카에, 누구 사위까지. 팀원들이 죄다 상전이야. 도쿄의 호텔에서 주차요원에게 딱 걸린 납치 차량의 주인 기억나? 요코하마 한국영사관의 부영사 말이야. 운전을 맡은 그는 알고 보니 하늘 같은 남산 부장님, 중앙정보부장의 조카사위야. 도쿄에서 같이 움직인 단원 중엔 당시 중앙정보부의 2인자였던 모 차장의 조카사위도 있어. 그리고 누군 또 청와대 정무비서관의 친동생이래. 이러니 어디 부하가 부하 같겠어? 사

89

실 생각해보면 이 납치극은 처음부터 무리난제였어. 김대중이 일본에 머무는 동안 작전을 수행해야 하는데 그 기간이 너무 짧았거든. 그러다 보니 사안의 무게에 비해, 작전이 너무 급박하게 추진됐던 거야. 결정적으로 납치 현장까지 들키고 말았으니 책임자인 윤 단장은 얼마나 걱정이 컸겠어. 그리고 생각했겠지. 이 공작이 잘못됐다가 혹시라도 자기 혼자 독박을 쓰게 되는 건 아닐까 하고 말이야.

> 그때 갑자기 미친 듯이 발동기가 소리가 막 터져 나왔어요. 무슨 뭐, 무슨 큰 변이 생긴 것 같아요. 내가 과거에 선박업도 해서 배라는 것도 알지만, 그렇게 배가 발동을 할 수가 없어요. 그래서, 근데 옆에 앉은 사람이 비행기 그 소리를 해요. 근데 뭐 꽝꽝 소리도 나고, 이렇게 잠깐 보니까 이 풍경 위로 빨간 불이 픽픽 이렇게 가기도 하고 그래요.
>   - 김대중 전 대통령, 1993년 9월 9일 인터뷰 중

자, 사태가 급변해. 용금호 안에서 한바탕 조용한 소란이 벌어졌어. 비행기 소리 같은 게 들리고 배 안이 수선해지는가 싶더니 얼마 뒤, 한 선원이 묶인 김대중에게 다가와 이렇게 속삭였대. "선생님, 이제 됐습니다". 이제 살았다는 거야! 그 짧은 시간 동안 무슨 일이 있

었던 걸까? 김대중 전 대통령은 자신이 들은 그 소리가, 미국 비행기의 소리라고 확신했어. 미국 비행기가 와서 자신을 살해하려던 계획을 멈추게 한 거라고. 정말 비행기가 온 건지, 비행기라면 어느 나라비행기인지, 지금에 와서 확인할 수 있는 건 아무것도 없어. 하지만미국이 김대중을 살리기 위해 노력했단 것만은 분명한 사실이야.

> 저는 하비브 대사가 저에게 한 말을 잊을 수가 없습니다.
> "김대중의 생명을 구하기까지 24시간이 남았다. 내일 오전
> 까지 김대중이 어디에 있는지 알 수 있다면 내가 한국 정부
> 에 항의하고 김대중을 살릴 수 있다"라고 말했습니다.
> — 도널드 그레그 당시 CIA 서울지부장 인터뷰 중

그리고 김대중의 생존을 확인한 주한미국 대사가 청와대에 메시지를 보냈어.

> 중앙정보부가 김대중을 납치했습니다.
> 김대중을 죽여서는 안 됩니다.

미국은 왜 남의 나라 일에 그렇게까지 신경을 썼을까? 대외적으

론 한국의 민주화를 위해서, 평화와 인권을 위해서였어. 하지만 당시 유신체제를 세우면서 무소불위의 권력이 된 박정희의 독주를 견제하기 위해서 박정희 대통령의 정치적 라이벌인 김대중이 필요했을 거라고 보는 시각이 많지.

해방과 감시

사라진 블랙 요원과 소속 불명의 비행기 출몰 그리고 미국의 메시지. 이런 요소들이 정확히 어떤 영향을 어떻게 미쳤는지는 알 수 없어. 아무튼 김대중을 태운 용금호는 부산항에 도착했어. 그리고 이동하는 차 안에서 김대중은 깊은 잠에 빠졌지. 당시 김대중의 마지막 기억은 그들이 준 알약을 먹은 순간에서 끊어졌어. 그 후 이틀 동안 김대중은 부산과 서울의 비밀 아지트에 감금되었어. 그 집을 나온 건 납치 엿새째인 8월 13일 밤 10시경이야. 납치범들이 모는 차에 실려 도착한 곳은 자신이 살던 동교동 집 앞이었어. 그의 눈을 붕대로 다시 단단히 가리며 납치범은 이런 말을 해.

상부의 명령입니다. 여기서 선생을 풀어줄 것이오.

다만 차에서 내리면 그 자리에서 벽을 보고 소변을 보십시오.
소변을 다 본 뒤엔 집으로 들어가도 좋습니다.

갑자기 웬 소변? 눈을 붕대로 가린 상태잖아. 자신들이 도망갈 시간을 확보하기 위한 수법이야. 그렇게 납치 129시간만에 그는 마치 "막 퇴근한 가장처럼"* 동교동 집의 초인종을 눌렀지. 그런데 집에 돌아온 그의 바지 주머니에서 쪽지 하나가 나왔어.

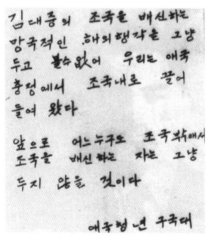

풀려난 김대중의 바지 주머니에 들어 있던 쪽지.

---

* 　김대중, 『김대중 자서전 상권』, p.317.

그날 밤 여러 언론사에도 이상한 전화가 걸려와.

우리는 애국청년 구국대원이오.
방금 김대중을 집 앞에 데려다 놨소.
해외에서 망국 행위를 하는 걸 두고 볼 수 없었습니다.

이렇게 일방적으로 말만 하고 전화를 뚝, 끊어버리너니 다시 또 벨이 울려.

중요한 걸 깜빡했는데, 이번 납치는 애국청년 구국대원이 한 것 임을 절대 잊지 마시오.

자칭 납치범들이 온 언론사에 전화를 돌린 거야. 그리고 다음 날 특별 수사본부는 약속이라도 한 듯, 이 사건의 범인으로 구국동 맹행동대 혹은 애국청년동맹을 지목하지. 김대중이 사는 동교동 집 앞엔 곧바로 바리케이드가 세워지고 경찰이 쫙 깔려. "또 납치되실 수 있으니, 나라에서 경호를 하겠습니다". 말이 좋아 경호지, 누가 봐도 이건… 감시지, 감시. 혹시라도 언론이나 사회 인사와 접촉할 수 없도록 아예 원천봉쇄한 거야.

당시 수사 내용을 담은 수사보고서를 보면 정말 어마어마해. 동교동까지 납치범들이 김대중을 태우고 온 차를 찾는다며 정비공장 836군데를 뒤지고 세차장과 차고, 주차장 2,056군데를 수색해. 차만 7,813대를 조사했대. 목격자를 찾는답시고 동교동 인근 주민 109명을 조사하고. 무슨 기준인지 모르겠지만 테러용의자도 3,390명 검문했다네? 그것도 모자라서 납치에 동원된 배를 찾는다고 선박 70척에 선원 1,131명을 조사하고, 상륙지점을 찾는다면서 해안선 256km를 샅샅이 뒤졌어. 감금된 비밀 아지트 찾는다고 조사한 주택만 시골집 260동에 양옥집 147동이야. 그런데도 아무런 성과가 없었대. 당연한 거 아니겠어?*

그사이 용금호는 새단장을 해. 페인트칠까지 새로 하면서 '용금호'란 이름을 지우고 '유성호'로 이름도 바꿔. 감금 장소인 창고도 메워버렸지. 그러고 나서 선원들을 데리고 부산의 한 갈비집에서 회식을 해. 거기서 중정 요원들이 두둑한 봉투도 하나씩 돌렸대. 물론 공짜는 아니야! 중정 요원이 사인을 하나씩 받아갔는데, 서류의 내용인즉, '용금호에서 보고 들은 것을 누설할 경우 반국가적 행위로 처벌받는다'라는 비밀 서약서였단 거야. 그 후로도 몇 년 동안 이들

---

* 《동아일보》 1973년 9월 18일 자 기사 참조.

은 감시와 관리를 받았어. 당연한 얘기지만 애국청년동맹인지 구국동맹행동대인지 뭔지, 그런 단체는 애초에 존재하질 않았지. 이거야말로 역대급 혈세 낭비야. 정말 모르고 이랬을까? 일본 경찰은 이미 사건 현장에서 한국 외교관의 지문도 발견했는데 말이야. 하지만 조사할 수가 없었어. 사건 직후 그는 잽싸게 한국으로 귀국했거든. 일본 경찰이 그를 조사하게 해달라고 몇 번이나 요청했지만, 우리 정부가 중간에서 딱 잘라 말했어.

우리가 확인해봤는데, 그는 범인이 아니다.

그러면서 일본으론 절대 보낼 수 없다고 버티는 거야. 그러는 동안 일본 내 여론은 나날이 나빠졌지. 일본 내에서 벌어진 사건이잖아. 우리나라 사람이 다른 나라에서 범죄를 저지르면 그 나라 법대로, 그 나라에서 처벌하는 게 원칙이야. 그런데 하물며 한 나라의 대통령 후보였던 사람을 납치하는 데 우리나라 정부가 개입돼 있고, 그래서 범인을 빼돌리는 거라면 이건 국제적으로 정말 엄청난 사건이 돼. 그 나라에 대한 주권침해야. 이 사건이 일본 내에서도 정치적으로 큰 이슈가 되니까 일본 정부도 모르는 척 덮어줄 수 없게 된 거지. 처음엔 우리 외교관은 관계없다고 펄펄 뛰던 우리 정부도 태도를 바꿀 수밖에 없었어.

한국에서 먼저 수사해볼테니까 조금만 기다려달라고 일본에 사정사정해가며, 수사를 무려 1년이나 끌어. 하지만 결과는? 1년이 지나도 달라진 게 없었지. 지문을 남긴 외교관을 처벌은 하지 않고 해임만 시켰는데, 해임 사유가 뭔지 알아? '품위 유지 의무 위반'. 수사 대상이 됨으로써 외교관으로서의 품위를 손상시켰으니까 해임하는 거지, 납치 사건과는 아무런 관련이 없다 이거야. 하지만 당시 국내에선 이런 사실이 제대로 알려지지도 않았어. 왜냐고? 보도가 전혀 되지 않았으니까. 보도가 되지 않은 이유도 다 있지.

일간신문 1면에 대서특필로 게재했던 KT사건관련기사를 조정지침에 따라 금 8.15부터는 사회면으로 취급하되 김대중 중심의 기사를 지양하고 수사상황 위주로 게재토록 조치
　　　　　　　　　　- 1973년 8월 15일 중앙정보부 작성 문건
강력한 언론보도통제를 가해 국민들의 관심이 점차 KT사건으로부터 멀어지도록 유도.
민심을 타방적으로 전환시킬 수 있는 대행사를 개최하여 밝은 기사를 집중 보도 (예: 대농작황, 국제경기 개최 등)
　　　　　　　　　　- 1973년 8월 16일 중앙정보부 작성 문건

이게 뭔 것 같아? 당시 언론사에 내려온 보도 지침이야. 이에 따라서 기사 내용은 물론이고, 제목에다가 기사의 길이까지 사전에 일일이 검열도 했어. 누가? 바로 그 중앙정보부! 범인이 사건 관련 뉴스를 직접 검열하는데 진실이 보도될 리가 있겠어? 외신도 예외는 아니었어. 일본의 요미우리신문이 "김대중 납치 사건에 정보부 기관원이 관계됐다"라고 보도하자, 다음 날 바로 요미우리신문 서울지국이 폐쇄됐어.

아무 일도 없었다

자, 그런데 여기서 드는 의심이 있어. 이런 일들이 모두 박정희 대통령 모르게 진행됐을까? 많은 이들이 의심했지. 하지만 그해 말, 미국 언론과의 인터뷰에서 박정희 대통령은 "나는 하느님께 맹세코 납치 사건과 관계가 없다"라고 말했어. 실제로 박정희 대통령이 납치나 살인을 지시했다는 기록은 어디에도 없어. 지나친 충성 경쟁 때문에 당시 중앙정보부장이 대통령이 시키지도 않은 일을 벌였을 수도 있지. 아니면 영화에서처럼 애매모호한 화법의 '지시 아닌 지시'가 있었는지도 모르고. 어쨌든 "나는 그 사건과 관계없다"라고 한 박 대통령은 말끝에 이런 말을 덧붙였어.

사건은 아마 중앙정보부의 소행일 것이다.

최소한 누구 소행인지는 알고 있었다는 거잖아. 그럼 어떡해야
돼? 직접 관련된 사람들을 찾아내 처벌하고 책임을 묻는 게 당연한
거 아냐? 하지만 이 사건에 관계된 수십 명 중 처벌받은 사람은 아
무도 없어. '품위 유지 의무 위반'으로 해임됐던 외교관도 스리슬쩍
복직했지. KT공작을 직접 지시한 중앙정보부의 수장, 이 부장님. 그
분은 그해 말 부장 자리에서 물러나긴 했는데, 이미 그 전에 모아
둔 게 많았던 모양이야. 나중에 박정희 정권이 막을 내리고 신군부
가 들어설 당시 부정 축재자로 지목됐는데, 그때 남긴 말이 그야말
로 신박해. "떡고물 안 만지고 떡을 만들 수 있냐" 자기가 모은 재산
을 떡고물이라고 표현한 거야. 근데 그 손에 묻은 떡고물이 어느 정
도였냐면 신군부에 적발된 액수만 194억 원이야. 2020년 화폐 가치
로 환산하면 무려 3,189억 원!* 어쨌거나 그렇게 다들 이 엄청난 사
건을 덮고 지우는 데 동조한 덕에 사건은 오랫동안 미궁 아닌 미궁

---

*   통계청 제공 소비자물가지수 기준 화폐가치 계산.

에 빠져 있을 수밖에 없었어. 사건 발생 14년이 지난 1987년, 이 사건의 책임자인 이후락 부장은 기자회견에서 이런 말을 해.

이후락 : '공권력이 개입했다' 또는 에… '국가 조직력이 개입했다' 하는 것을 시인한 적은 없습니다. 이 점을 확실히 국가와 국가 대 입장을 밝히기 위해서 제가 이 사실을 말씀드리는 것입니다.

기자 : 당시 납치 사건 당시에 공권력 개입이 없었다, 이런 말씀을 하시는 겁니까?

이후락 : 그렇죠, 네.

기자 : 당시 직접 지시했다고 말한 걸로 지금 보도되고 있는데요.

이후락 : 그것도 뉘앙스의 차이죠. 뭐 사람이니까 흥분하다가 보면 또 다르게 말할 수도 있는 거 아닙니까?

기자 : 그 내용은, 납치 사건에 대한 그 경위는 소상히 알고 계신 거 아닙니까?

이후락 : 뭐, 그 기관에 있으니까 그 조사한 내용은… 소상히 알고 있습니다.

기자 : 그럼 조사한 내용이라도 좀 일부 밝히실 수 있습니까?

꼬리에 꼬리를 무는 그날 이야기

이후락 : 아, 그 뭐…, 때가 오겠죠. 한국에서 민비가 살해되고 난 뒤에 그 진상이 밝혀진 것도 몇 년이 걸렸습니다. 마찬가지입니다. 하니까 다 진상 밝힐 때가 오리라, 나 이렇게 보고 있습니다.

- 이후락 전 중앙정보부장 기자회견, 1987. 9. 28.

2004년이 되어서야 국정원 과거사위원회가 출범하면서 자료창고를 싹 뒤졌는데, 외교 파우치로 보냈다는 〈KT공작 계획안〉은 종이 쪼가리 하나 남아 있지가 않았어. 계획서를 보냈다 혹은 받았다, 이런 기록만 있고 정작 그 내용은 어디에도 없는 거야. 그렇다면 용금호에 타지 않고 잠적했던 윤 대령…, 그 후 윤 대령은 어떻게 됐을까, 궁금하지? 김대중 선생이 집에 돌아올 즈음에 그도 한국에 들어왔어. 당시 중앙정보부 담당 국장이 직접 일본까지 찾아가서 겨우겨우 데려왔대. 그래서 찍힌 걸까, 아니면 공작 결과가 윗분들이 보기에 만족스럽지 않았던 걸까? 2년 뒤 진급 심사에서 그는 별을 다는 데 실패했어. 나중에서야 박 대통령 지시로 재임용됐지만 윤 대령은 자신은 공작원이 천직이라며 관리직 제안을 거부했다고 하더라고. 그리고 사건이 벌어진 지 34년이 지나, '국정원 과거사진실위원회'에서 이 사건을 조사할 때 윤 대령은 이런 얘길 했대.

요원으로서 일한 건 민간인이 되어서도 말하지 않는 게 철칙이지만 나도 이젠 이 무거운 짐을 좀 내려놓고 싶소이다.
내가, KT 공작단의 단장이었소.
김대중 전 대통령님께 진심으로 사죄드리고 싶습니다.

나라를 위해 목숨 거는 걸 명예롭게 여겼던 군인, 그가 지키려 했던 '나라'란 대체 무엇이었을까? 각하를 지키는 것이 곧, 나라를 지키는 일이라고 여겼던 그 신념은 어떤 의미를 남겼을까?

저는 사과문을 쓴 분들이 결과적으로 DJ를 살려냈다고 봅니다. 현지에서 어쩔 수 없이 명령을 실행할 수밖에 없는 분들이, 현지 실정과 여러 가지 인간적인 고뇌와 고통 속에서 처음 지시와는 달리 DJ를 납치해서 배에 실어서 보냈다고 저희들은 확신을 합니다.
- 안병욱 국정원 과거사진실위원회 위원장, 〈2007년 국정원 과거사진실위원회 활동설명회〉

피해자인 김대중 전 대통령은 그 후 이 사건과 관련해 줄곧 같은 얘길 했어.

자신에게 가해진 박해를 모두 용서하겠다고 쓴 김대중의 옥중 수필.
연세대학교 김대중도서관 소장.

> 모두 다 용서하기로 했다. 정치보복은 나에게서 끝나야 한다.
> 그러나 진실은 반드시 밝혀져야 한다.

아마도 이 말에는 그의 진심이 담겨 있었을 거야. 그로부터 7년
이 흐른 뒤 전두환 등 신군부세력에 의해 구속됐을 당시 옥중에서
그가 쓴 일기에도 마찬가지 내용이 담겨 있거든. 박정희 정권 아래
서 가혹한 박해를 받았지만, 그 모든 사람을 전부 용서하고 어떠한
증오나 보복심을 갖지 않겠다고 말이야. 그가 가졌던 바람은 오직

103

진실이 밝혀지는 것뿐이었어. 하지만 그 생전의 바람은 끝끝내 이뤄지지 않았지. 누가 왜 무엇을 어떻게 지시했는지 진실을 알고 있는 사람들은 하나둘 떠났고, 진실은 여전히 다 드러나지 않았으니까.

꼬리에 꼬리를 무는 그날 이야기

죽음의 위기를 넘기고 살아 돌아왔을 때, 그는 서럽게 울었다. 서슬 퍼런 독재정권의 끊임없는 위협에도 언제나 당당했던 김대중, 그가 흘린 눈물은 어떤 의미였을까? 죽음 앞에서 인간은 한없이 나약한 존재일 수밖에 없다. 그래서 생과 사의 갈림길에서는 누구나 신神을 찾게 되는 건지도 모른다. 1973년 여름, 시커먼 바다 위에서 그 역시 신을 부르며 간절한 기도를 했다.

> 예수님께 매달렸죠, 살려달라고…. 내 목숨도 물론 아깝지만 내가 생각하기에 우리나라에서는 지금 내가 죽고 나면 '대신'이 없어. 국민들 불쌍하게 생각해서라도 나보다 더 좋은 '대신'이 나올 때까지 내 목숨을 살려달라고…

하지만 그의 기도는 자신 만을 위한 것이 아니었다. 죽음의 두려움 앞에서도 민주주의를 향한 열망과 신념을 굽히지 않았기에, 그의 기도는 역사의 진보에 대한 한 인간의 강철 같은 믿음이자 소신이었고 더 나은 인간 사회를 바라는 처절한 외침이었다. 그래서 어쩌면 그의 눈물은 더할 나위 없이 '인간적인', 사람을 향한 뜨거운 온기가 흐르는 휴머니즘, 그 자체였는지도 모른다.

개돼지보다 못했던 사람들

무등산 타잔 박흥숙 사건

사람이 태어나서 누구나 한 번 피 마르게 아파서 소리 지르는 때가 있어요. 그 진실한 절규를 모은 게 역사라고 나는 봅니다.

— 조세희, 『난장이가 쏘아올린 작은 공』작가

희대의 살인마로 남은 이름

혹시, '희대의 살인마'라고 하면, 기억나는 사람 있어? 유영철? 정남규? 강호순? 아니면 이춘재? 다들 떠올리는 것조차 섬뜩한, 잔혹한 살인범들이지. 이들은 대부분 자신보다 약한 여성이나 노인을 상대로 사람들 눈에 띄지 않는 곳에서 범행을 저지르고, 들키지 않으려고 현장을 벗어나거나, 시신을 훼손하고 유기하면서 완전범죄를 노렸어. 모두 저지른 죄의 무게에 맞게 사형선고를 받았지.

오늘 이야기의 주인공도 사형선고를 받은 희대의 살인범이야. 하지만 앞서 언급한 연쇄살인범들이랑은 확실히 뭔가 달라. 그는 대낮에, 그것도 사방이 뻥 뚫린 야외에서 건장한 체격의 성인 남성 네 명을 쇠밍지도 내리쳐 살해했어. 하지만 사전에 범행을 치밀하게 계획한 정황도 없었고, 시신을 은닉할 시도도 하지 않았어. 범행을 감추려고 하지 않았다는 거야. 분명히, 이건 우리가 익히 아는 살인마들과는 다른 유형의 범죄인 것 같지 않아?

그리고 또 하나 큰 차이점이 있지. 보통 살인범을 연구 대상으로 삼는 사람들은 누구일까? 범죄 심리학자들이지. 그런데 오늘의 주인공은 '역사학자'들의 연구 대상이 되었어. '그날'의 사건이 뭔가 일반적인 범죄가 아니라는 뜻이지.

이 사람이 바로 '그날'의 주인공이야. 역삼각형의 탄탄한 근육질 몸이지? 키는 165cm 정도 되었대. 나이는 스물셋이고, 이름은 박흥숙, 사진의 배경은 광주 '무등산'이야. 그래서 그의 별명은 '무등산 타잔''이야. 영화 속 타잔은 사자랑 싸워서 이기는 괴력의 소유

'무등산 타잔' 박흥숙의 생전 사진. 역삼각형의 근육질 몸이 눈에 띈다.

자잖아. 그런데 박흥숙에게 '무등산 타잔'이라는 별명이 붙은 데는
다 이유가 있어. 당시 언론 보도에 따르면 박흥숙은 학교도 안 다녔
고, 직업도 없이 외롭게 산속에서 지냈어. 놀라운 건 그가 산 타기의
명수였다는 거야. 줄타기 연습까지 했다는 얘기도 있고.

> (그는) 새벽이면 계곡물에 무릎을 꿇고 자기 혼자만 아는 좌
> 선을 하기도 했으며, 낮에는 계곡과 계곡을 넘어 표범처럼
> 뛰어다녔다. 그의 의식구조는 무등산의 수호신이 되겠다는
> 것이었고 (…) 자신을 소영웅으로 착각 (…) 이곳에서 무서운
> 것 없이 활개를 치며 마치 많은 부하를 거느린 장수처럼 기
> 세당당(등등)하게 살아왔다.
>
> -《아리랑》23권 7호 중

별명은 또 있었어. '무등산 이소룡**'! 박흥숙의 무술 실력이 대
체 어느 정도였기에 '무등산 이소룡'이라고 불렸을까?

---

* 1912년 애드거 라이스 버로스가 쓴 소설『유인원 타잔』을 원작으로 하여 수백 편의 영화와
TV 시리즈로 제작된〈타잔 시리즈〉의 주인공이다. 아프리카 밀림에 버려져 유인원류에 의해 길러
진 푸인숑 타잔의 모험을 다루었다.
** 중국계 미국인으로 영어명은 브루스 리이며, 무술 배우이자 절권도의 창시자이기도 하다.
20세기를 통틀어 가장 큰 영향력을 가진 무술가이자, 1970년대 대중문화의 아이콘으로 통한다.

범인 박은 무등산을 오르내리며 심신을 단련, 무술을 익히기 시작하면서 '무등산 십팔기를 정립해야겠다'라고 무등산 계곡을 운동장으로 삼아 8년 동안 갖가지 운동을 해왔다. 중국 영화배우 이소룡이 되겠다고 결심, 온몸을 공중에 날려 보기도 하고 지르기, 치기, 엎어치기 등 태권도, 유도, 무술 등 갖가지 기술을 익혔으며 (…) 더욱 놀라운 것은 박의 괴력이다. 압송되면서 온몸을 묶은 경찰의 포승줄을 '얏' 하는 기합 소리와 함께 끊어버렸다. 기합 소리 한 번에 포승줄이 우수수 떨어져버린 것이다. 그의 초인적인 위력에 호송경찰관들이 간담이 서늘해졌다는 게 뒷얘기.

－《아리랑》 23권 7호 중

잡지에 따르면, 이소룡이 '절권도'를 창시했다면 박흥숙은 '무등산 십팔기'를 정립할 계획이었대. 원래 '무예 십팔기'라는 건 사도세자가 정리한 조선의 국기國技인데, 박흥숙이 이걸 재해석해서 자신만의 무술을 만들려고 했다는 거야. 공인되진 않았지만 태권도 4단, 유도 3단의 실력을 이미 갖추고 있었고, 틈만 나면 삽자루로 봉술 연습도 하고, 양 발목에 납덩이를 2.5kg씩 달고 산을 오르내리는 훈련도 했대. 무협 소설도 많이 읽어서, 뒤틀린 영웅심리가 잠재해 있을 거라고도 적혀 있어.

그리고 뭔가 묘한 기운이 느껴지는 부분이, 바로 범행이 일어난 장소가 '무당촌'이었다는 거야. 박홍숙이 사는 곳은, '한때 50여 개의 종파가 난립하던 광주에서도 소문난 사이비 종교의 온상'이고 무당, 점쟁이, 박수 같은 미신집단이 모여들어 '무당촌'을 이뤄서, 계곡에선 늘 괴성이 섞인 푸닥거리가 벌어졌다는 거야. 괜히 어딘가 으스스하지 않아? 게다가 그는 범행 후에 도주했다가 이틀 뒤에 서울에서 경찰한테 체포됐는데, 현장 검증을 할 때 태연한 자세로 담담히 범행을 재연했고 그 와중에 그 옆을 지나가던 지인들에게 인사까지 했다는 거야. 이게 사실이라면 그야말로 '인면수심의 살인마'지.

아무튼 당시 언론에 나온 내용을 종합해보면, 박홍숙은 무등산 무당촌을 근거지로 삼아 강도 높은 수련을 해온, 철저히 준비된 '인간병기'였던 거야. 피해자들의 머리에 쇠망치를 휘둘러서 단번에 성인 남자 네 명을 죽였으니까. 일반적으로 범죄심리분석^{profiling}에서 머리를 둔기로 여러 번 내리친다는 건, 가해자가 피해자에게 깊은 원한이나 앙심이 있기 때문이래. 하지만 박홍숙은 그들에게 원한 같은 건 없었어. 일이 있어서 몇 번 만난 사이였던 게 전부였거든. 그렇다면 종종 벌어지는 '묻지마 범죄'의 시초일까? 아니면 분노조절장애?

박홍숙은 왜 그날 무등산 계곡에서 그들을 잔혹하게 살해한 걸까?

산골짜기 고시생은 어떻게 살인마가 되었나

1977년 4월 20일, 사건이 일어난 '그날' 아침이야. 평소처럼 출근 준비를 하던 서른 살의 김 씨는 그날따라 아내에게 일 나가기 싫은 티를 냈어. 한숨도 푹푹 쉬면서 말이야. 언젠가부터 김 씨는 자신이 하는 일에 대해서 회의를 느끼고 있었던 것 같아. 김 씨는 광주의 한 구청에서 일하고 있어. 출근해서 사무실에 갔더니 그날따라 동료들 표정도 어두워. 부서 선배도 윗선에서 무슨 얘기를 들었는지 뭔가 표정이 안 좋아. 그날은 예정된 외근이 있어서 김 씨를 포함한 일곱 명은 무거운 마음으로 구청을 나섰어. 잠시 후, 그들이 도착한 곳은 '무등산' 입구야. 점심 무렵이라 일단 산 아래 작은 식당에서 밥을 먹기로 했지. 책임자인 선배는 후배들한테 이따 산을 타야 하니까 든든히 먹어두라고 당부했어. 다들 묵묵히 밥을 먹고 식당을 나섰어. 뭔가 불길한 느낌이 오지? 이들 일곱 명 중 네 명은 그날 산 아래서 먹은 점심이 인생의 마지막 식사가 된 거야.

그때 무등산 중턱에 있는 해발 450m 높이의 계곡, 덕산골에서는 박홍숙이 점심을 먹고 있었지. 그는 거기서 살았어. 혼자가 아니라 외할머니, 엄마, 여동생, 남동생 둘, 그렇게 여섯 식구가 함께 살았어. 박홍숙의 고향은 전남 영광의 작은 시골 마을이야. 가난한 농사꾼의 4남 1녀 중 둘째로 태어났지. 초등학교 5학년 때 아버지는 위암으로 돌아가셨고, 형도 불의의 사고로 세상을 떠났어. 어머니가 작은 구멍가게를 하면서 생계를 겨우 꾸려나갔지만, 그때부터 가세가 확 기울었대. 자, 그 시절엔 가난한 집안을 일으키려면 뭐가 필요했을까? '개천에서 난 용'. 그래, '용'이 필요했지. 다행스럽게도 박홍숙은 수재였어. 전교 1, 2등을 놓치지 않았대. 그는 평소에 소원이 "책 1만 권 모으는 거"라고 입버릇처럼 말했을 정도로 학구열이 높았어. 그의 초등학교 생활기록부에는 이렇게 적혀 있어.

머리가 비상하게 좋고, 가정 형편으로 고민하나 자립하려고 노력한다. 마음이 착하고 남에게 동정받지 않으려 하고 혼자 자립하려 든다.

가난한 집안의 똑똑하고 책임감 강한 아이였던 거지. 이비지랑 형이 세상을 떠난 후에 박홍숙은 더 열심히 공부했고 중학교에 당당히 수석으로 합격했어. 하지만 중학교 진학을 포기해야 했어. 수

업료를 낼 돈이 없었거든. 그때는 중학교가 의무교육*이 아니었기 때문에, 돈이 없어서 학교를 못 다니는 학생들도 있었어. 당시 심정을 박흥숙은 일기장에 남겼어.

합격자 발표 날 가보았더니 정말로 꿈에 그리던 1등 합격이 사실이었다. 정말 눈물이 나왔다. 실력이 나만 못한 애도 학교를 다니고자 교복을 맞추고 야단인데 나는 아버지가 안 계시니 학교는 다닐 수 없고, 집안은 가난하여 그야말로 풍전등화다. 진학은 포기하였고 중학교에서 주는 교과서를 팔아 차비 하여 광주로 떠나왔다.

수석합격자라 교과서를 공짜로 줬는데, 그걸 친구한테 팔아서 차비를 마련했다는 거야. 시골에서는 이제 먹고살 만한 일거리가 없으니까 가족들이랑 광주로 나온 거지. 그때가 1971년이야. 박흥숙은 바로 철공소에 열쇠 수리공으로 취직했어. 일자리는 어렵지 않게 구했는데 문제는 집이었어. 학교 갈 돈도 없는 형편에 광주 시내에 집 얻을 돈이 어딨겠어. 어쩔 수 없이 무등산 중턱까지 올라갔지. 처음

---

* 1985년 도서·지역에서 시작하여 단계적으로 실시되었다.

엔 누가 버리고 간 빈 움막에 들어가 살다가 쫓겨났어. 그래서 직접 집을 짓기로 했지.

그런데 좋은 건축자재가 있겠어, 장비가 있겠어, 도와줄 사람이 있겠어? 조악할 수밖에 없지. 먼저 네모난 모양으로 땅을 파고 흙이 랑 돌을 섞어서 벽을 쌓아 올렸어. 벽지는 신문이랑 밀가루 포대를 주워 와서 바르고, 지붕은 고물상에서 헌 양철을 사다가 덮었어. 방 한 칸, 부엌 한 칸짜리 움막집이야. 거기에 외할머니, 어머니, 여동생, 남동생 둘이 지내고 그 옆에는 자기 공부방을 만들었어. 흙벽을 대 충 쌓아 올려서, 한 사람이 겨우 누울 수 있을 크기로.

엄마와 여동생도 함께 생계를 꾸려야 하니까 산나물이나 약초, 더덕을 캐서 장에 나가 팔았어. 그리고 당시에는 무등산 계곡을 찾 아와서 굿을 하는 사람들이 많았나 봐. 무당들이 떡 좀 쪄달라, 밥 해달라고 부탁하면 어머니가 200원, 300원씩 받아가면서 날품팔 이를 한 거야. 운 좋으면 굿 마치고 남은 제물이나 떡을 얻어먹기도 하면서 말이야.

산속 작은 움막에서 여섯 가족이 산다는 게 얼마나 고생스럽겠 어. 여름엔 덥고 겨울에 추운 건 기본이고, 바람두 엄청나게 들이닥 치시. 그런데 그 당시 광주에서 살 집을 구하지 못한 건, 박홍숙 가 족뿐만이 아니었어. 가난하거나 아픈 사람들이 산 중턱에 움막을

117

무등산 타잔 박홍숙 사건

지어서 모여 살았는데, 덕산골에만 20여 채가 있었대. 가진 돈이 넉넉하지 않을 때 집 구해본 사람들은 그 설움, 아마 다들 알 거야.

　아무튼 산속 움막에 사는 동안에도 박흥숙은 학업을 포기하지 않았어. 철공소에서 일하면서 돈이 조금씩 모이면 책을 사서 공부했대. 말 그대로 주경야독이지. 그렇게 중학교, 고등학교 과정은 검정고시로 패스한 거야. 그리고 이제 다음 시험을 준비했어. 뭐였을까? 그 시절 가난한 집안의 수재들이 너 나 할 것 없이 선택한 시험이 있거든. 맞아, 바로 사법시험[*]! 신분 상승의 사다리였지.

　돈 없고 백 없어도 법전이랑 연필 살 돈 그리고 끈기만 있으면 누구에게나 열리는 출세의 문이었어. 바늘구멍 같아도 통과만 하면 '개천에서 난 용'이 될 수도 있고 가세가 기운 집안을 일으킬 수 있는, '인생 한 방'이었지. 때마침 박흥숙이 검정고시를 패스하고 얼마 후에, 사법시험 응시 자격에 학력 제한도 없어졌어. 사법시험 제도가 만들어진 초기에는 대학까지는 나와야 응시할 수 있었거든. 박정희 대통령 덕분에, 검정고시 출신의 박흥숙도 사법고시에 도전할 수 있게 된 거야. 목표는 검사였대. 사시만 합격하면, 가족들도 고생

---

[*]　법조인이 될 자격을 검정하는 시험으로, 1963년 1회 사법시험이 실시된 이래 2만여 명의 법조인을 배출하고 2017년 12월 31일에 폐지되었다. 초기 응시 자격은 대학졸업(예정)자였으나, 1973년부터 학력 제한이 철폐되었다.

끝이고 자신도 국가 정의에 보탬이 되는 사람이 되는 거지. 사법시험을 준비하는 동안 컴컴한 움막 천장에 박흥숙은 이런 글을 써 붙여뒀대.

노력 없이는 무엇도 이루어질 수 없다. 피눈물 나는 고생을 두려워하지 말라!

그는 하루 20시간씩 공부에 열중했어. 고생스럽지만 열심히 노력하면 자신의 꿈을 이룰 수 있다고 믿었던 거야. '사건'이 일어나기 한 달 전에는 사법고시 1차 시험에 도전했지만 낙방했어. 다른 과목은 괜찮았는데, 영어가 힘들었나 봐. 그래도 한 1~2년만 더 공부하면 붙을 수 있겠다고 가족들에게 자신 있게 말했대. 시험에 낙방했다고 해서 좌절하거나 심리적으로 불안한 상태도 아니었다는 거지. 그런데 대체 왜 검사를 꿈꾸던 박흥숙이 잔혹한 살인을 저지르게 됐을까.

다시 1977년 4월 20일, '그날'로 돌아가보자. 박흥숙은 점심을 먹고 난 후에, 며칠 동안 계속해온 작업을 재개했어. 본격적으로 공부하기로 마음먹고 집 근처에 새 공부방을 짓고 있었거든. 그리고 같은 시각, 김 씨를 포함한 구청 직원들은 계곡을 따라 산을 오르고 있었어. 그들도 며칠 동안 미뤄뒀던 일을 그날 반드시 처리해야 했거든. 그래서 망치도 챙겼어. 외근을 나갈 때는 그날처럼 늘 망치를 들고 다녔는데, 그래서 사람들은 그들을 '망치부대'라고 불렀대. 그들의 정체는 구청 건설과 건축지도계 직원이야. 흔히 말하는 '철거반원'이지. 그들은 박흥숙의 집을 철거하러 온 거야.

사실 박흥숙의 가족은 철거반원들이 조만간 찾아올 거라는 걸 이미 알고 있었어. 얼마 전부터 철거 계고장이 여러 차례 날아왔거든. 무허가 집이니까. 물론 박흥숙이 집을 지으면서 그게 불법이라는 걸 몰랐던 것은 아니야. 하지만 어쩔 수 없었어. 시골에서 광주로 모여드는 인구는 점점 늘어나는데, 막상 사람들이 살 집은 구하기 어려웠어. 급한 대로 외딴곳에 판잣집이나 움막을 짓고 살았던 거야. 그리고 정부에서도 당장 해결책이 없으니 무허가촌들을 묵인해 왔어. 그럼 왜 하필 그때 철거를 강행했던 걸까?

겉에서 안 보이게 살든지!

1972년 5월에 무등산이 도립공원으로 지정'되면서 도심 휴양공간으로 개발이 시작됐어. 케이블카도 설치하기로 했지. 그런데 케이

120

꼬리에 꼬리를 무는 그날 이야기

블카가 지나는 방향 아래쪽에 박흥숙의 움막이 있었던 거야. 케이블카를 타고 멋진 전망을 봐야 하는데 말이지. 그래서 지저분한 움막이 시야에 들어오는 걸 막으려고 철거해버리기로 한 거야.

더군다나 6개월 뒤에는 광주에서 '전국체전'이 개최될 예정이었어. 전국에서 사람들이 몰려들 테니까 대대적인 도시 정화작업을 펼친 거지. 게다가 때맞춰 그때 '그분'이 오신다는 거야! 바로, 박정희 대통령. 박흥숙에게 사시 도전의 기회를 준 박 대통령을 박흥숙은 존경했던 것 같아. 이 일기가 그 증거야. 1972년 12월에 쓴 건데, 그때는 유신정권이 막 들어섰을 때야.

1972년 12월
8대 대통령 취임식. 국민의 일원으로 대통령 각하에게 진심으로 앞날의 국민총화에 무궁한 지도력과 평화통일을 기원했다. 박 대통령 각하에게 축복이 있기를 빕니다.

그 대통령이 전국체전 개막식에 참석하러 광주에 왔다가, 도립공원으로 지정된 무등산을 찾을 가능성이 크다는 건데… 당시 박

＊　2013년에 국립공원으로 승격되었다.

정희 대통령은 '헬기 시찰'을 자주 했대. 헬기를 타고 국토를 내려다보면서 장기 계획을 세우는 걸 좋아했는데, 고속도로도 쭉쭉 뻗어나가고 곳곳에 큰 산업단지나 아파트가 들어서는 걸 보면서 '꼭 내가 그린 작품을 보는 것 같구먼'이라고 하면서 흐뭇해하기도 했대. 반면에 본인 맘에 안 드는 게 눈에 보이면 혀를 끌끌 차면서 인상을 쓰는 거지. 또 그럼 그 모습을 본 아랫사람은 어떻게 하겠어? 안 보이게 치워버려야지. 심기 경호 들어가는 거야.

그런 상황이다 보니, 혹시나 그분의 심기를 건드릴까 봐 시청 공무원들은 얼마나 긴장했겠어. 망치부대로선, 하루라도 빨리 철거를 완료하는 수밖에 없는 거야. 박흥숙의 집에도 이미 철거반원이 다녀간 적이 있었대. 그런데 솔직히 누군들 허름한 움막이 좋아서 거기 살겠어?! 갈 데가 없으니까 그랬던 거지. 하루는 박흥숙이 너무 절박하고 답답해서 철거반원한테 물어봤대.

대체, 오 갈 데 없는 사람들은 어디서 살아야 하는 겁니까?

그랬더니, 철거반원이 그랬다는 거야.

땅 밑으로, 땅굴을 파고 들어가서 겉에선 안 보이게 살든지.

거기 있어도 되는데 사람들 눈에 띄지 말라는 거야. 그 무렵 박홍숙의 심정이 담긴 일기야.

1977년 4월 15일

설마 하고 기대했던 한 가닥 희망의 마지막 끈이 끊기는 순간. 나는 인생에 또 하나의 쓴잔을 듦을 느낄 수가 있었다. 이 가련한 삶이여! 답답한 인생이여! 무능한 나 박홍숙은 무엇을 어찌해야 올바르고 아름다운 삶을 살 수 있는가? 정들었던 나의 보금자리 정들었던 나의 움막, 영원히 그 모습 볼 수 없구나. 투정하고 냉정한 것이 이 세상 인심인지라, 약자에겐 한없이 강하고 강한 자에겐 한없이 약해 보이는 것이 우리의 인생임을 자각하노라.

4월은 잔인한 달

'그날' 박홍숙은 철거에 대비해서 집 근처에 진짜 땅굴을 파고 있었던 거야. 그리고 어느새 망치부대도 박홍숙의 움막이 있는 산 준턱에 도착했어. 웅성웅성 사람들 소리가 들리니까, 박홍숙과 가족들은 집 밖으로 나와봤지. 눈에 익은 철거반원 일곱 명이 집 앞에서 있어. '아⋯ 올 것이 왔구나' 하면서도 한편으론 당황스러웠대. 4월이라도 산속은 날씨가 춥잖아. 게다가 그해는 유독 추위가 오래가서, 아직도 곳곳에 눈이 쌓여 있을 정도였대. 그러니 어쩌면 날씨가 좀 풀릴 때까지는 사정을 봐주지 않을까 기대했던 것 같아. 물론 그렇다고 마냥 버티고 있던 건 아니었어. 시내에 이사 갈 집을 알아보러 다녔지. 하지만 다섯 식구 살 집을 구하기가 만만치 않았던 거야. 그런데 철거반원들 입장에서는 이미 계고장을 보냈는데, 이 사람들이 그대로 남아 있으니까 갑갑한 거야. 일단 법대로 공무집행을 시작했어.

지금 당장 다들 집을 비우세요!

예상했던 터라 박흥숙은 담담하게 집 안에 있던 물건들을 하나씩 꺼내기 시작했어. 이불이며, 냄비며 그릇, 낡은 옷가지들, 초라한 살림들이 흙바닥에 그대로 널브러졌어. 그런데 그때 갑자기 철거반원 중 누군가가 이렇게 말한 거야.

불 질러!

가족들은 다들 놀랐지. 박흥숙은 철거반원들에게 부탁했어.

제발 불은 지르지 마세요!

그러면서 갑자기 지붕으로 뛰어 올라간 거야. 그리고 지붕을 덮고 있던 천막을 급하게 걷기 시작했어.

기왕에 뜯을 집이니까 천막이나 상하지 않도록 걷을게요.

생존을 위해서 최소한의 용품들은 챙겨야 하잖아. 당장 이 움막이 철거되어버리면 그날부터 갈 곳이 없어지는 거니까. 길에 나앉더라도 바람이라도 막고, 비라도 피하려면 천 조각 하나라도 거둬야 잠시라도 버틸 거 아냐. 안 그러면 길바닥에서 얼어 죽을 수도 있으니까 그가 사정사정한 거야. 그리고 무엇보다, 보잘것없어 보이는 움막이지만 박흥숙에겐 '집' 이상의 의미가 있었어.

그 움막은 박흥숙에겐 그의 '인생' 전부와도 같았거든. 박흥숙이 반드시 이 움막을 지었어야 하는 이유가 있었어. 광주로 이주한 뒤에 무등산의 빈 움막에 살다 쫓겨난 가족들은 한동안 뿔뿔이 흩어져 살아야 했단 말이야. 어머니는 어린 남동생 둘만 데리고 내장사에 들어가서 허드렛일을 하면서 지냈고, 세 살 터울의 여동생은 열세 살 나이에 남의 집 식모살이를 시작했거든. 가난한 것도 서글픈데, 가족들이 이렇게 각각 떨어져 지내야 하는 현실이 너무 괴롭고 가슴 아팠던 거야. 그래서 어느 날 집을 손수 지어야겠다는 결심을 하고, 혼자 고생고생해가며 꼬박 60일 만에 그 움막을 완성한 거지.

그리고 드디어 온 가족을 불러 모았어. 외할머니, 어머니, 여동생, 남동생 둘 그리고 박홍숙. 이렇게 여섯 식구가 오랜만에 한자리에 둘러앉은 거야. 허름한 움막이라 앉으면 서로 무릎이 다 닿을 정도로 좁았지만, 이제야 가족끼리 한데 모여 밥 한 끼라도 먹을 수 있게 된 거지. 자신이 지은 움막에 가족들이 다 모인 날 박홍숙이 쓴 일기야.

1974년 (어느 날)

젊어 고생은 사서도 한다지만 어둡고 쓸쓸했고 고독했던 지난 12개월. 모두가 무정했고 한편, 보람 있는 시간들이었다. 나에겐 둘도 없는 인생의 클라이막스, 울었고, 쓰러져서 울었고, 다시 일어났다. 그리고 조그마한 과실을 얻었다. 조그맣고 보잘것없는 집이지만 어머니를 기쁘게 해드릴 수 있는 유일한 것이었다. 이 집을 어머니에게 바쳤다.

박흥숙의 여동생은 오빠가 만든 그 움막에 가족이 처음 모인 날이 생생하게 기억난다고 추후 밝혔어.

오빠가 지은 움막에 들어간 첫날 밤 꿈을 꿨는데. 아버지가 하얀 두루마기를 입고 있는 거예요. 너무 기쁜 날이라고 하시면서 친구분들에게 술을 권하시더라고요. 우리가 모여 살게 돼서 그러셨는지. 저도 가로세로 3미터도 안되는 그 좁은 집이 참 좋았어요. 식구들이 겨우 누워 잘 수 있을 정도였는데 어렸을 때라 그런지 그땐 크게 느껴졌어요. 어렸을 때는. 그것도 그때는 엄청 소중했었죠. 돌이켜보면 인생에서 가장 행복한 순간인 것 같아요.

박흥숙 가족에겐 그렇게 소중한 집인데, 불을 질러서 완전히 없애버린다고 하니까 얼마나 충격이 컸겠어. 박흥숙은 지붕에 덮어놓은 천막을 걷으면서 알아서 나갈 테니까 제발 불만은 지르지 말아달라고 계속 사정했어. 하도 사정을 하니까, 철거반원들도 불은 안지르겠다고 약속했고. 그 말을 들은 박흥숙은 안심하고 지붕에서 내려왔어. 그러고는 집 근처에 토굴을 파고 있던 게 뒤늦게 생각나서 급히 자리를 떠났어. 철거반원들에게 그걸 들키면 안 되니까, 작업에 쓰던 연장들을 숨기려던 거였지. 그사이 철거반원들은 다시 움막의 벽을 헐고 부서진 문짝이랑 잔해들을 한곳에 모으기 시작했어. 그리고 그대로 불을 질렀어. 사실 철거반원들의 약속은 부질없던 거야. 집을 부수기만 하면 남은 자재를 수습해서 그 자리에 다시 집을 지을 수도 있으니까 그걸 막으려는 거지. 그런데 그때 갑자기, 박홍숙의 어머니가 불타고 있는 집 쪽으로 뛰어갔어. 경황없이 나오느라 집에 두고 온 뭔가가 생각난 거야.

"아이고, 내 돈! 천장에 내 돈!" 하고 외치면서, 불타는 집으로 뛰어들 기세였어. 어머니가 현금 30만 원을 집 천장에 보관해뒀었거든. 식모살이 2~3년은 해야 모을 수 있을 정도의 돈이었어. 지금으로 치면 250만 원 정도 되는 액수야. 언젠가 움막이 철거되면, 시내에 방 한 칸이라도 마련하려고 한 푼 두 푼 모아두셨던 거지. 자식들한테 맛있는 거 배부르게 한 번 못 먹이고 좋은 옷 한 번 못 입히면서 모으셨던 거야. 그리고 봄이 돼서 날이 풀리면 텃밭에 심으려고 했던 씨앗들도 함께 챙겨뒀어. 그런데 집에 불이 붙으니까 천장에 그대로 두고 나온 돈이 생각나서 반사적으로 달려나가신 거야. 철거반원들은 위험하니까 어머니를 밀쳐서 막았고 어머니는 그 자리에 그대로 실신하셨어. 결국 오랫동안 고생고생해서 모은 꼬깃꼬깃한 돈이랑 새봄에 가족들의 배를 든든하게 채울 씨앗이 전부 집과 함께 불타버렸지. 그때 가족들 심정은 어땠겠어?

가재도구라고 해봤자 서랍장, 밥해 먹는 그릇 몇 개 정도였거든요. 그런 것마저도 다 꺼내서 태웠어요. 그냥 두면 또 집을 짓는다면서 모조리 태워버렸던 것 같아요. 그런데 불을 지를 거라고는 전혀 생각을 못 했어요. 그때가 4월인데도 엄청 추웠어요. 산에는 눈도 쌓여 있고. 근데 그 상황에서 불을 질렀다는 건 완전히 너희 죽어라 하는 것 같았어요. 그렇게까지 사람을 내몰았어야 했을까.

그럼 그때, 박흥숙이 망치를 휘둘렀던 걸까? 아니야. 박흥숙은 그때까지만 해도 괴로웠지만 참았대. 철거반원들이 야속하다며 울분을 쏟아내는 여동생을 타이르기까지 했어. 철거반원들도 위에서 시켜서 어쩔 수 없이 하는 일이니까 욕할 거 없다고 말이야. 철거반원들도 박흥숙 가족과 마찬가지로 서민이라, 먹고살려면 시키는 걸 어쩔 수 없이 해야 한다는 사실을 그도 잘 알고 있었어. 더군다나 그는 사법시험 준비생이었잖아. 움막이 무허가이긴 하니까 법대로 하면 철거하는 게 당연하다고 생각했던 거지. 하지만 그러면서도 박흥숙은 철거반원들에게 또 한 번 사정했대.

다른 집에는 불 지르지 마세요. 여기엔 폐병, 당뇨병 환자들이 많아요. 당장 갈 데도 없는 분들이니까 제발 불만은 지르지 말아주세요.

당시 무등산 무허가촌에는 폐병이랑 당뇨로 거동조차 쉽지 않은 노인들이 많이 살고 있었어. 박홍숙은 평소에 그분들을 살뜰히 돌봐드렸대. 끼니를 못 챙기는 분들은 집에 모시고 와서 같이 식사도 하고, 폐병으로 외롭게 죽어간 환자들의 장례를 혼자서 치러드리기도 했어. 그래서 박홍숙은 철거반원들에게 그렇게 사정사정한 거야. 아픈 분들 집엔 불 지르지 말아달라고 말이야.

타오르는 분노와 참극

철거반원들은 계곡 위쪽으로 이동했어. 그런데 잠시 후에 하늘에 연기가 피어올라. 불길한 생각이 든 박홍숙은 불길이 보이는 쪽으로 달려갔지. 아니나 다를까 아픈 노인들이 사는 움막들이 불타고 있는 거야. 낡은 이부자리도 흙바닥에 내팽개쳐져 있고 물그릇이랑 몇 개 안 되는 살림살이가 어지럽게 흩어져 있어. 그 앞에는 일흔이 넘은 노인이 망연자실해서 앉아 있는 거야. 바로 그때야. 박홍숙 얼굴이 울그락불그락 달아오르더니 자기 집 쪽으로 다시 내려왔어. 그리고 부서진 집터에서 뭔가를 챙겨서 다시 이웃 노인의 움막으로 향한 거야.

오빠가 '그렇게 부탁을 했는데, 기어코 저기까지 불을 질렀네' 하면서 뛰어 올라갔어요. 오빠가 그렇게 화내는 모습은 처음 봤어요. 어떤 상황에서도 항상 동생들을 다독여줬지, 성질 한 번 낸 적 없었거든요. 그때는 완전히 그냥 뒤집힌 거죠. 뛰어 올라가면서 '우리를 개돼지만도 못하게 취급한다'라면서 '어떻게 저럴 수가 있냐'라고 했어요.

여동생 말로는 오빠의 그런 모습은 이전에는 단 한 번도 보지 못했대. 박홍숙은 이렇게 소리를 지르면서 불길 쪽으로 뛰어 올라갔어.

어떻게 이렇게 개돼지만도 못하게 대할 수가 있냐?
우리는 사람이 아닌 거냐!

그리고 잠시 후, '탕'하고 총성이 들렸어. 불타고 있는 노인의 움

131

막 근처에서 난 소리였어. 철거반원들은 난데없이 총소리가 나니까 놀라서 엎드리고, 아주 난리가 났어. 둘러보니까 일단 쓰러진 사람은 없어. 대체 누가 총을 쏜 건지 주변을 살피는데, 잔뜩 흥분한 박홍숙이 총을 들고 서 있는 거야.

누가 불 지르라고 했어!

다행히 실탄을 쏜 건 아니고, 공포탄이었어. 총은 쇠 파이프로 조악하게 만든 사제 총이었는데, 철공소에서 일할 때 직접 만들었던 물건이야. 워낙 깊은 산속이라 가끔 산짐승이 출몰하니까, 호신용으로 쓰려고 만든 거였대. 하지만 철거반원들은 그게 공포탄인지 아닌지 알 리가 없으니 총성이 울리자마자 아수라장이 된 거야. 철거반원 일곱 명 중 두 명은 혼비백산해서 달아났고, 나머지 다섯 명은 총을 든 박홍숙을 제압하려고 육탄전을 벌였어. 그런데 박홍숙이 어찌나 흥분해서 날뛰었는지 좀처럼 붙잡을 수가 없었나 봐. 좀 전까지만 해도 순순히 철거에 응하더니 갑자기 무섭게 돌변하니까, 철거반원들도 당황하고 혼란스러웠지. 박홍숙은 도망치거나 대항하는 철거반원을 급소를 쳐서 제압했고 그들을 끈으로 묶기 시작했어.

꼬리에 꼬리를 무는 그날 이야기

불 지르라고 시킨 사람이 대체 누구야!
우리 집에 불 지른 거 사과해!

뒤늦게 따라온 여동생이 이 광경을 보고 오빠를 말렸는데 박흥숙은 여동생도 발로 차버렸어. 당황한 여동생은 상황이 너무 무서워서 신고하러 산 밑으로 급히 내려갔어. 여전히 박흥숙은 흥분한 상태였고, 이미 이성을 잃은 것처럼 보였어. 그는 계속 소리쳤어.

광주시장이 시킨 거야?! 지금 다 같이 시장한테 가자.

그 말을 들은 철거반원들도 점점 흥분하기 시작했지.

젊은 놈이 그냥 놔두니까 계속 시끄럽게 구네!
법대로 하는 건데, 사과는 무슨 사과야!

그렇게 박흥숙과 철거반원은 극도의 흥분 상태에 휩싸인 거야. 터져 나온 분노가 이제 걷잡을 수 없게 된 거지. 결국 얼마 뒤에… 끔찍한 상황이 벌어졌어. 흥분한 박흥숙이 망치를 휘둘렀고 머리를 맞은 철거반원 네 명이 사망하고 한 명은 중태에 빠졌다가 겨우 목숨을 구했어. 산 중턱의 작은 움막을 철거하는 과정에서, 처참한 살인 사건이 벌어진 거야. 사법고시를 준비하던 스물세 살의 청년은 졸지에 희대의 살인범이 됐어. 그날 왜 이런 참극이 벌어져야 했던 걸까?

박홍숙 입장에서 먼저 생각해보면 철거는 예상했던 일이야. 하지만 그가 이성을 잃은 건, 집이 불타면서부터야. 마치 벼랑 끝에 내몰린 것 같은 느낌이 아니었을까. 게다가 그 추운 날씨에 늙고 병든 사람들 집에까지 불을 질러버렸을 때, 그는 어떤 마음이었을까? "우리가 개돼지만도 못하냐!"라고 외친 것도 그때야. 어쩌면 그 순간 그는 인간으로서 참을 수 없는 모멸감을 느꼈던 게 아닐까.

그런데 철거반원들은 그날 왜, 굳이 불까지 질러야 했을까? 이전에도 철거집행은 해왔지만, 한 번도 불을 지른 적은 없대. 사실 그날 철거반원들이 무허가촌에 불을 지른 건 '상부의 지시' 때문이었어. 본청에서 철거반에 소각 지시를 내린 거야. 앞서 말했지만, 무등산에 케이블카도 세워야 하고 가을엔 전국체전도 열리잖아. 무엇보다 대통령이 이곳에 들를 수도 있으니까 그때를 대비해서 지저분한 움막들이 보이지 않게 말끔히 치워야 했던 거지.

그래서 그날 철거반원들도 절박하기는 마찬가지였어. 그중에는 구청 공무원도 있었지만 대부분은 구청에서 고용한 박봉의 일용직이야. 구청에서 그 사람들에게 맡긴 업무가 '철거'였던 것뿐이지, 조직적으로 동원된 철거 깡패가 아니었어. 그렇다 보니 만일 상부에서 시킨 일을 제대로 처리하지 못하면, 불이익을 받을 수 있었지. 일용 직이니까 갑자기 다음 날부터는 출근하지 말라고 해버릴 수도 있잖아. 그날 철거반원들도 생계를 위해서 무등산을 오른 거야. 결국 어떤 대책도 없이 무조건, 불까지 질러서라도 깨끗이 치우라고 한 건 국가인데 생존의 최전선에서, 힘없는 소시민들끼리 부딪혀서 끔찍한 참극이 발생한 거지.

그는 왜 '악마'가 되어야만 했나

사건이 일어나자마자 한 언론사가 발칵 뒤집혔어. 편집국에 시청 간부들이 들이닥친 거야. 당시 한 기자의 증언에 따르면, 그들이 박흥숙 사건을 취재한 기자들을 찾아 협박 아닌 협박을 했다는 거야. 기사에 '불'이라는 단어를 절대 쓰지 말라면서 말이야. 명백한 외압이지. 그들도 철거 과정에서 불까지 지른 건 비인간적인 처사라는 걸 알았던 거야. 혹시 앞에서 얘기했던, 박흥숙이 살던 '덕산골'의 별명이 뭐였는지 기억나? '무당촌'이었잖아. 실제 당시 신문 기사에서 그렇게 설명하고 있어.

박홍숙은 무당골에서도 가장 뛰어나 굿거리 10여 개를 몽땅 가지고 있어 다른 사람보다 월등히 수입이 많고 그동안 절약하여 광주 시내에다 집을 3채나 샀다.

　　　　　　　　　　　　-《전남매일》1977년 4월 21일 자

무당촌을 사수하려는 집념에 사로잡힌 무당의 아들이, 제단을 차려둔 집도 태우려 하자⋯

　　　　　　　　　　　　-《한국일보》1977년 4월 21일 자

사교邪敎의 온상溫床 무등산 무당촌을 벗긴다.
: 사교촌 20대 청년의 발악이 끝내 무등산을 피로 물들이고 말았다.

　　　　　　　　　　　　-《전남일보》1977년 4월 22일 자

살인극 빚은 50년의 고질
사이비 종교의 고장 광주 무등산
한땐 50여 개 종파 난립

　　　　　　　　　　　　-《한국일보》1977년 4월 22일 자

'무당촌', '사이비 종교', '사교의 온상'…. 이 단어들을 보면 무슨 느낌이 들어? 뭔가 비이성적이고 불법적인 장소라는 느낌이 들지 않아? 공포스럽거나 흉물스러운 이미지도 떠오르고 말이야. 앞에서 얘기한 것처럼, 박흥숙이 살던 계곡 근처에서 사람들이 찾아와서 종종 굿을 하긴 했대. 하지만 기사 내용처럼 무당들이 모여 살지도 않았고, 사이비 종교의 온상도 아니었어. 또 박흥숙의 어머니도 무당이 아니었는데, 언론에서는 마치 그가 직접 푸닥거리를 하면서 큰돈을 번 것처럼 전하기도 했어. 모두 사실이 아니지. 박흥숙의 어머니는 굿이 있을 때 날품팔이를 했을 뿐이야. 시내에 집을 세 채나 사서 갖고 있었으면 왜 그런 좁은 움막에서 살았겠어?

'무등산 타잔'이라는 별명도 언론이 붙인 거야. 사건이 일어난 그날 이전에는 아예 존재하지도 않았어. 언론은 박흥숙을 엄청난 힘을 가진 남자로 과장해서 묘사하거나 영웅주의에 사로잡힌 광기의 인물로, 마치 '소설이나 영화에 나올 법한 괴인'처럼 소개했어.

사진을 봐서 알겠지만, 실제로 그의 몸이 예사롭지 않긴 했어. 체구는 작아도 몸이 탄탄하고 아주 날렵했던 모양이야. 박흥숙은 체력을 키우기 위해서 열심히 운동했는데, 거기엔 더 이유가 있었어. 원래는 몸도 약하고 왜소했는데 검정고시를 치르고 이어서 사법고시를 준비하는 동안 자주 쓰러졌다는 거야. 낮에는 일하고 밤에는 공부하느라 잠을 하루에 3시간도 채 못 잤대. 먹는 게 부실했던 것은 당연하고. 고시 공부라는 게 하루아침에 되는 게 아니라 장기 레이스잖아. 체력이 받쳐줘야 공부도 할 수 있는 거지. 그래서 틈날 때마다 운동을 했다는 거야. 타고난 운동신경도 좋긴 했는지, 산 중턱을 매일 뛰어다니다 보니까 자연스럽게 근육도 만들어졌대. 아무튼 몸이 이소룡처럼 단단해지긴 했지만, 그렇다고 따로 별명이 있었던 건 아니야.

언론이 '사실'과 다르게 보도한 건 그뿐이 아냐. 박흥숙이 쏜 사제 총도 마치 위협적인 살상용 무기처럼, 사냥용 총기였고 실탄도 있었다고 소개했어. 그런데 실상은 그게 아니었잖아. 조악한 수준으로 만들어진, 딱 산짐승을 내쫓을 정도의 소리만 큰 딱총이었지. 그런데 당시 언론이 전한 '박흥숙 사건'은 결론적으로 '사이비 종교에 빠진 인간병기가 저지른 엽기 살인극'이 됐어. 사실이랑은 달라도 너무 다르잖아.

그렇다면 정부는 왜 사실을 왜곡하고 박흥숙을 마치 '괴물'같이 만들어야 했던 걸까? 두려웠던 것 같아. 이 사건이 사실 그대로 세상에 알려지면 여기저기서 폭동이 일어날까 봐. 왜냐면 이런 식으로 철거해야 하는 무허가 움막이며, 판잣집들이 전국에 어마어마하게 많이 있었거든. 특히 서울에!

SEOUL 그리고 판자촌

서울에 있었던 판자촌 중에서 대표적인 판자촌은 청계천에 자리해 있었어. 이름은 '개미굴'이야. 천변의 제방을 파서 판자로 얼기설기 얽은 집인데, 위에서 보면 집끼리 지붕도 겹쳐져 있고 집이랑 집 사이도 좁아서 동네 자체가 마치 미로처럼 보였어. 6·25전쟁 때의 피난민들부터 시골에서 상경한 사람들까지 한데 모여 살던, 서울의 가장 대표적인 빈민촌이었지.

그리고 우리나라 최초의 판자촌은 남산 아래 위치한 해방촌이야. 1945년 해방 이후에 귀국한 해외동포와 북에서 남으로 내려온 실향민이 개척한 마을인데, 사람들은 흔히 '하꼬방'이라고 불렀어. '하꼬(はこ)'는 일본어로 '상자'라는 뜻이야. 집이 상자처럼 작아서 그렇게 부른 것 같은데, 실제로 집을 지을 때 미군 부대에서 흘러나온 두꺼운 보급품 박스를 사용하기도 했대.

보다시피 겉모습만 봐도 집이라도 부르기 힘들 정도였고, 시설도 물론 열악했어. 수많은 사람이 공동 화장실을 써야 했고 상하수도 시설도 당연히 없었지. 그런데 이런 판잣집이 1970년대에 서울주택의 32%나 됐어. 단순 계산으로도, 서울에 사는 가족들 중에서 세 가족 중 한 가족은 판잣집에 살았다는 얘기야.

청계천 고가도로 옆에 위치한 판자촌의 모습. 서울역사박물관 소장.

1966년 발생한 남산 판자촌 화재 당시 대피하는 사람들의 모습. 부실한 집이 얼기설기
얽힌 판자촌은 재난에도 취약할 수밖에 없었다. 서울역사박물관 소장.

꼬리에 꼬리를 무는 그날 이야기

그땐 판자촌에 사는 사람들이 왜 그렇게 많았을까? 이 사람들은 대부분 먹고살 거리를 찾아서 시골에서 상경한 사람들이었어. 말그대로 '이촌향도', 고향인 농촌을 떠나서 도시로 나온 거지. 당시에 정부는 매일 '수출만이 살길!'이라고 외쳤어. '100억 달러 수출 달성'*이 목표였거든. 산업화와 공업화를 통한 경제성장을 위해서는 저임금 노동력이 필요했어. 그래서 저곡가 정책을 강행했고, 그 바람에 농촌은 도시보다 먹고 살기 어려워졌지. 그러니까 너도나도 일자리를 찾아서 서울로 몰려든 거야. 하지만 살길을 찾아 무작정 올라온들, 당장 살 집도 없고 돈도 없으니 여기저기 판자촌들이 생겨났던 거지.

그런데 수출이 막 늘어나면서 외국에서 바이어나 관광객 등이 우리나라를 찾아오기 시작해. 정부 입장에선 자꾸 판자촌들이 눈에 거슬리는 거야. 구청 철거반원이 박흥숙한테 한 말 기억나? 눈에 띄지 말고, 안 보이게 살라고 했잖아. 그래서 시작한 게 도시 경관 미화야.

그 출발점이 된 사건이 있었어. 1966년에 미국의 존슨^{Lyndon Baines Johnson} 대통령이 방한했어. 서울시청 앞 광장에서 대대적인 한영식

---

* 1972년 박정희 대통령의 지시로 정한, 1981년까지 한국 경제의 목표.

을 했지. 당시 서울시민의 60%가 이 행사에 동원됐을 정도야. 환영식은 실황 생중계 됐는데, 하필이면 그때 카메라 앵글에 남산 판잣집이며 허름한 빈민촌이 잡혀서 방송되어버린 거야. 정부 관계자들은 국가의 엄청난 치부가 드러난 것처럼 당황하며 가리기 급급했어. 그때부터 도시 경관 미화가 시작됐고, 서울 시내 재개발이 본격화됐어. 도시 경관을 예쁘게 꾸미려면, 일단 지저분한 걸 치워야겠지? 그래서 서울 곳곳의 무허가 빈민촌을 철거했어. 그럼 거기 살던 사람들은? 경기도 광주군(현재의 성남시)으로 강제로 이주시켰지. 무려 10만여 명을, 군용 트럭이나 청소차까지 동원해 실어 옮겼대.

그런데 '선입주 후개발'이었어. 서울시는 철거민들에게 주택단지를 조성해서 제대로 집 짓고 살게 해주겠다고 약속했지만, 막상 가보니까 산비탈에 나무만 깎아놨을 뿐인 거야. 상하수도 시설은 물론이고 화장실조차도 없어. 비 오면 분뇨랑 오물이 흘러넘쳐. 상황이 서울에 있던 판자촌보다 더 열악해. 게다가 버스가 하루에 여섯 번밖에 다니지를 않아. 완전히 고립된 거지. 어디 가서 날품팔이라도 해야 먹고사는데, 그럴 수도 없으니 최소한의 생계조차 해결이 안 되는 거야. 그렇다 보니 쓰레기통을 뒤지는 애들도 많았고 '어떤 산모가 하도 굶어서 정신이 이상해졌는지 자기 아기를 삶아 먹었다'라는 괴담까지 돌았대. 철거민들은 그렇게 2년을 참다가 결국 폭발했어. 대규

꼬리에 꼬리를 무는 그날 이야기

허허벌판에 거주지를 마련해놓은 1970년대의 광주대단지 풍경.
서울특별시 소장.

광주대단지 사건 당시의 폭동 현장. 2021년에 '8·10 성남 민권운동'으로 명칭이
변경되었다. 서울특별시 소장.

무등산 타잔 박흥숙 사건

모 시위[*]를 벌인 거야. 엄청난 인파가 모여서 이렇게 외쳤대.

속았다! 우리를 사람 취급도 하시 않는디!

그렇게 강제 이주대책은 실패로 끝났고 정부는 다음 계획을 실행했지. 서울에 집중된 인구를 자연스럽게 분산시킬 생각이었지. 마침 적당한 곳을 물색해뒀어. 바로, '강남'이야.

강남 1970

강남은 1963년까지만 하더라도 서울조차도 아니었어. 성남과 마찬가지로 행정구역상 당시의 경기도 광주군에 포함되어 있었지. 그때 강남은 비포장길에 소달구지가 지나갈 정도로 완전 깡촌이었어. 허허벌판이라 넓긴 했는데, 습지가 많고 지대도 낮아서 툭하면 물에 잠기곤 했어. 쉽게 말해서 뻘밭이었던 거야. 오죽하면 강남에서는 '남편, 마누라 없이 살아도 장화 없이는 못 산다'라고 할 정도

---

[*] 광주대단지 사건이라고 한다. 10만 명 이상의 시민이 참여하여 도시를 점거하고 시위를 벌였으나, 박정희 대통령의 사과와 요구조건 수용으로 3일 만에 진정되었다.

였겠어? 물론 전기도 안 들어오고 공중전화 한 대도 없었어. 다리도 없었지. 강북에서 강남을 가려면 나루터에서 배를 타고 한강을 건너야 했어.

누가 이렇게 열악한 환경을 견디면서 강남에 살려고 하겠어? 사람들의 관심과 발길을 모으기 위해서 개발을 시작했지. 일단 한강에 다리부터 놓고 강북에 있던 정부 주요 시설을 강남으로 옮겼어. 지금 있는 대법원, 검찰청, 관세청이 전부 다 그때 옮겨 간 거야. 그리고 가장 강력한 유인책이 된 명문고의 강남 이전도 이뤄졌지. '강남 8학군'이 그렇게 탄생한 거야. 그렇게 허허벌판이었던 강남에 이제 길도 나고 건물도 막 들어서면서, 점점 번듯한 도심이 되어가. 그럼 이제 뭐가 또 달라지겠어? 땅값이 오르는 거야.

이권이 보이면 어디든 달려드는 불나방들이 강남에도 어김없이 나타났어. 현찰 많고 시간 많았던 사람, '복부인'이 등장했어. 이 복부인이란 말도 그때 생긴 거야. 물론 투기꾼들이 모두 여성인 건 아니었지만, 당시에 현찰 많은 상류층 주부들은 부동산 투기에 유리했어. 남편들이 대부분 고위 공직자나 사업가였기 때문에 그들의 권력과 재력 그리고 정보력으로 금싸라기 땅이나 아파트를 미리 살수 있었던 거지.

그때 생긴 신조어가 또 있어. 복부인 같은 투기꾼들이 좋아하는 바로 그 '프리미엄'. '프리미엄' 시대를 활짝 연 건 건설사야. 그들도 이권을 쫓아서 강남에 발을 들였어. 눈앞에 널찍한 땅이 널려 있으니까 빨리 아파트 지어야지. 분양받으려고 며칠 전부터 막 줄을 시고 난리니까, 건설사 입장에선 완전 노다지였어. 봉이 김선달이 환생해도 놀랄 정도로 무조건 남는 장사지.

그리고 황금광에 뛰어든 또 다른 탐욕가는 정치인들이었어. 헐값에 땅 사놓고, 개발계획 막 발표해서 땅값 오르면 파는 거지. 실제로 강남 개발 초기에 '청와대 경호실'이 땅장사를 했대. 청와대 경호실장이 서울시 도시계획과에 지시해서 강남땅 23만 평을 사들였다는 거야. 돈은 금융권이랑 대기업에서 나온 검은돈이었지. 사들인 땅은 1년 후에 되팔아서 시세차익으로 20억 원을 벌었어. 지금 화폐가치로는 무려 6,000억 원이야. 청와대 경호실장은 그 돈으로 뭘 했을까? 박정희 대통령의 선거자금으로 썼어. 어쨌든 당선됐지.[*]

그렇게 권력 있고 돈 있고 정보 있는, 아무튼 '있는' 사람들끼리 서로 밀고 당기고 하는 동안 아무도 거들떠보지 않던 강남땅이 '황금 알을 낳는 거위'가 됐어. 1963년에 평당 400원 하던 강남 땅값이 1979년에는 40만 원으로 폭등했어. 16년 만에 1,000배로 오른

[*]   손정목, 『서울 도시계획 이야기 3』, 한울, 2020.

거야. 지역별로 좀 더 상세히 나눠보면 강남구 학동은 1,333배, 압구정동은 875배, 신사동은 1,000배 올랐어. '개포동' 알지? 예전에 한때 개포동을 '개도 포기한 동네'라고 했대. 그런데 지금은 '개도 포르쉐를 모는 동네'라네. 격세지감, 상전벽해. 이럴 때 쓰는 말이겠지.

재개발과 철거의 수레바퀴 아래서

강남이 개발되는 걸 지켜보면서, 사람들은 교훈을 얻었어. '개발은 돈이 된다', '부동산이 최고다', '아파트 사면 금덩이 위에 앉는 거다'. 부동산 광풍이 강북에도 불기 시작한 거야. '그래, 아파트를 짓자!'. 어디에 지어? '재개발'이 필요한 곳, 판자촌이지. 게다가 '일석이조'인 거야. 도시 경관 미화도 하고 아파트 지어서 돈도 벌 수 있잖아. 그런데 아파트 올리려면 먼저 철거부터 해야 하는데 오랫동안 터 잡고 살아온 사람들이 바로 나갈 수 있겠어? 당장 갈 곳이 없고, 집 구할 돈이 없으니까 거기 그대로 살았던 걸 텐데…. 그래서 강제로 내쫓았어. 하루라도 빨리 쫓아내고 공사를 시작해야 '더 많은 돈'을 벌 수 있으니까.

신속한 철거를 위해서 용역 깡패가 투입돼. 영화에서 본 적 있지? 재개발 구역에 연장 들고 몰려다니는 '어깨*'들 말이야. 주민들을 쫓아내는 수법도 악랄해. 일단 공포감을 조성해서 겁을 줘. 사람 사는 집 유리창을 깨거나 벽에 시뻘건 글씨나 무서운 그림을 그리곤 하지. 그 정도로 해서 집을 안 비우면 수치심과 모멸감을 느끼게 해. "다른 사람 돈 벌 때 넌 뭐 했냐?, 누가 가난하라고 했어?" 가난을 조롱하는 거지. 여자들을 성추행하거나 입에 담지 못할 욕설을 퍼붓기도 했어. 그래도 버티면 무지막지한 폭력을 동원해. 으슥한 데 데려다 집단 린치를 가하기도 하고 심지어 사람 있는 집에 불을 지르기도 했대.

88 서울올림픽을 앞두고, 빈민촌 철거는 절정을 이뤘어. 아래 표에 적힌 숫자들은 각 올림픽 개최 준비 중에 집이 철거된 사람들의 숫자야. 서울올림픽은 72만 명이지. 인원수로는 중국 베이징올림픽에 이은 2위지만, 인구 비율로 따지면 1위야. 전 세계가 주목하는 이벤트에서 우리나라의 가난한 모습을 보여주기 싫었던 거겠지. 경기장 주변은 물론이고 성화 봉송로 옆의 판자촌까지 철거했어. 성화 봉송 주자들이 달리는 모습이 TV 중계화면에 잡힐 때 판자촌이 배경으로 걸릴까 봐 걱정한 거야. 기껏해야 1분 정도 보일 텐데, 그조

*   조직폭력배의 조직원을 지칭하는 속어이다.

시기	연도	철거민
서울올림픽	1988	720,000명
바르셀로나올림픽	1992	2,500명
아틀란타올림픽	1996	30,000명
아테네올림픽	2000	2,700명
시드니올림픽	2004	0명
베이징올림픽	2008	1,500,000명
런던올림픽	2012	1,000명
리우올림픽	2016	77,206명

각 올림픽 준비 중 발생한 철거민의 숫자. 자료 출처: COHRE

차도 싫었던 거지. 1977년 그날 무등산에서도 철거반원이 박흥숙에게 '차라리 땅속으로 들어가서 살라'라고 했던 거 기억나? '있는' 사람들에게 빈민들은 언제나 '보여서는 안 되는 사람들'이었던 거야.

그런 이유로 강제 철거가 끝없이 자행됐고, 그때마다 어김없이 사람들이 다치고 죽어나갔어. 1987년 베를린에서 열린 국제주거회의 Habitat conference in Berlin, Germany, 1987에서 한국은 남아프리카 공화국과 함께 '가장 비인간적인 철거를 자행하는 나라'로 꼽혔어. 우리가 정말 부끄러워해야 할, 숨기고 싶은 과거는 이 사실이 아닐까? 어쩌면 1977년 4월 '그날'의 사건은 한국 현대사를 피로 물들여온 비극적인 철거들의 신호탄이었을지도 몰라.

도시 빈민이 남긴 '그날'의 마지막 절규

나의 죄는 백번 죽어도 사죄할 길이 없습니다.
어떤 극형을 주시더라도 달게 받겠습니다.

박흥숙은 사건 후에 경찰에 자수했어. 범행을 순순히 인정했고, 재판 과정에서도 자신의 죗값을 조금이라도 덜려고 애쓰지 않았다고 해. 1심 재판부는 박흥숙에게 살인 및 살인미수죄로 '사형'을 선

자수 후
현장검증 중인
박흥숙의 모습

고했어. 그리고 1심 판결 후에 예상치 못한 '박홍숙 구명운동'이 전개됐지. 한 월간지[*]에 '무등산 타잔의 진상'이라는 르포가 실린 게 계기가 됐던 거야. 당시 한 대학생이 언론이 왜곡했던 사건의 진실을 직접 취재해서 기고했고, 광주 지역사회를 중심으로 사회 각계의 저명인사들이 법원에 탄원서를 제출했어.

> 이 사건은 단순한 한 개인의 사건이라기보다는 그동안 우리 사회가 추진해왔던 고도 경제 성장의 그늘 아래서 소외되었던 가난한 이웃들을 우리 모두가 방치해온 결과로 발생한, 도시 빈민 지구의 무주택 문제가 첨예화된 한 표상입니다. 끔찍한 사건을 저지르고 말았지만, 그 책임을 오직 박홍숙 군에만 돌려도 괜찮겠습니까?

'그날'의 비극적인 사건이 박홍숙 개인의 탓만은 아니라는 거지. 철거 과정에도 문제가 있었다는 거야. 그래서 사람들은 재판부에 사건의 배경과 정상을 참작해서 사형만은 면하게 해달라고 청했어. 그리고 사형선고를 받아들이겠다는 박홍숙을 오래 설득해서 항소했

[*] 월간 《대화》 1977년 8월 호.

지만, 구명운동에도 불구하고 결국 최종 판결이 사형으로 확정됐어.
박홍숙은 담담하고 초연했대. 남은 날 동안 하루하루 참회하겠다고
다짐하면서.

박홍숙의 가족 역시, '그날' 이후 엄청난 죄책감을 안고 살아왔
다고 해. 그날 움막이 불에 타서 철거된 후에 마땅히 갈 데가 없으
니 또 다른 빈민가를 전전했어. 한동안 무등산 아래 '배고픈 다리'
라 불리는 곳에 천막을 치고 지내야 했다고 해. 그러던 어느 날, 박
홍숙의 여동생은 또 한 번 끔찍한 현장에 서게 됐어.

일하는 식료품점에서 물건이 다 떨어져서 충장로 5가 쪽으로 과
자 같은 걸 떼러 갔었어요. 그때가 5월 18일 아침이에요. 그런데
갑자기 어떤 할아버지가 본인 가게 안으로 빨리 들어오라고 해
요. 엉겁결에 들어갔었거든요. 몸을 피하고 나니 곧바로 공수부
대들이 우르르 몰려와서 어떤 젊은 사람들 뒷덜미를 잡고 곤봉
으로 때려요. 땅에 그대로 쓰러져서 벌벌 떨고 있는 사람을 다시
끌고 가더라고요. 너무 놀랐어요. 길을 나가보니 금남로 양쪽으
로 사람들이 두릅 엮인 것처럼 피 흘리면서 쓰려져 있는 거예요.

5월 18일. 그래, 1980년 5월 광주야. 박홍숙의 가족은 5·18 광

주 민주항쟁 때 금남로 한가운데 있었던 거야. 그리고 여동생은 어머니와 함께 그 광경을 보고 뭔가 해야겠다고 결심했대.

광주를 외부와 차단했잖아요. 도청에 갇힌 시민군들이 굶고 있다는 소리를 들었어요. 밥을 지어서 대야에 담아서 엄마랑 하나씩 머리에 이고 도청으로 갔죠. 굶고 있다는데 우리만 먹고 있을 수는 없잖아요.

박흥숙의 여동생과 엄마는 도청에 갇혀 있는 시민군을 위해서 밥을 날랐던 거야. 쉬운 일이 아닌 게, 계엄군의 삼엄한 경비망을 뚫고 가야 했거든. 실제로 박흥숙 어머니는 밥을 나르시던 와중에, 계엄군에 쫓겨서 도망치다가 다치시기도 했어. 위험한 일이라 용기 내기 쉽지 않았을 텐데, 바로 눈앞에서 사람이 무자비하게 사람을 때리는 걸 보니까 분노를 억누를 수 없었대.

그렇게 광주에서 분노의 5월이 지나고 한겨울이 왔어. 그리고 눈이 펑펑 오던 날 밤, 박흥숙의 사형이 집행됐어. 1980년 12월 24일. 그때 그의 나이가 스물일곱이었지. 박흥숙이 세상을 떠나기 전에, 꼭 하고 싶은 말이 있다면서 남긴 게 있어. 그가 옥중에서 직접 작성한 '최후 진술서'야.

저의 지난날을 뼈저리게 뉘우치고 저의 울분 때문에 아깝게 희생돼버린 그분들의 영령을 위로하며 삼가 명복을 빈다. 나의 죄는 죽어 마땅하리다.

미친 정신병자의 개소리라 해도 좋고, 빗나간 영웅심의 궤변이라 해도 좋다. 하오나 다음에는 이 같은 불상사가 되풀이되지 않는다면 죽어가는 몸으로써 그 이상 무엇을 바라겠는가.

방 한 칸 의지할 데가 없어서, 남의 집 변소를 들여다보지 않고, 남의 집 처마 밑을 들여다보지 않으신 분들이라면 지금 말씀드리는 나의 고충, 조금이라도 이해하시기 어려우시리라. 나는, 돼지 움막보다도 못한 보잘것없는 집이지만 짓지 않으면 안 되었다.

세상에 돈 많고 부유한 사람만이 이 나라의 국민이고, 죄 없이 가난에 떨어야 하는 사람들은 모두가 이 나라의 국민이 아니란 말인가.

허물어진 담장을 부여잡고 울부짖는 그들을, 타오르는 불길 속에 발을 동동 구르며 이러지도 저러지도 못하고 안타까이 허둥대는 그들을 보라, 불쌍하지도 가엾지도 않단 말인가.

- 박홍숙, 〈최후 진술서〉 중

우리가 '박흥숙 사건'을 이야기하는 건, 절대 그를 동정하기 위해서도 변호하기 위해서도 아냐. 끔찍한 참극이 벌어졌던 그날, 그가 분노에 차서 외쳤던 그 말 때문이야.

어떻게 이렇게 개돼지만도 못하게 대할 수가 있냐?
우리는 사람이 아닌 거냐!

어쩌면 '그날'의 사건이 '지금'의 우리에게 어떤 질문을 던지고 있는 게 아닐까 하는 생각이 들어서야.

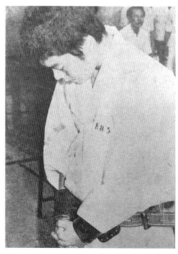

법정에 선
박흥숙의 모습.

우리 사회가 철거하고 있었던 건

집이 아닌 사람이었다.

그들의 피눈물로 반죽한 시멘트를 발라

그들의 절망만큼 높이 쌓아 올린 콘크리트 건물

그것이 지난 50년 동안

우리 모두가 내 것이 되기를 꿈꾸었던

서울의 아파트다.

　　　　　　　　　　　-SBS스페셜 <철거왕> 홍정아 작가

지난 70년의 근현대사, 우리 사회의 부의 축적 과정에서 우리는 더 많은 것을 손에 쥐기 위해 누군가를 짓밟았고 그들의 가난을 비웃으며 우리의 천박한 욕망을 정당화해왔다. '있는' 사람들의 배부른 세상과 '없는' 사람들의 굶주린 세상으로 구분되는 것이 우리 사회가 그토록 신봉해온 자본주의 시스템의 필연적 결과라면, 그래서 끝이 없는 욕심을 채우기 위한 핏발 선 눈들로 가득한 세상이 계속된다면, 우리는 진정 사람답게 살기 위해 무엇을 할 수 있을까?

어떻게 이렇게 개돼지만도 못하게 대할 수가 있냐?

우리는 사람이 아닌 거냐!

힘 있는 사람들의 목소리는 너무나 크고 강력해서 수많은 사람의 귀를 잡아당기고, 가난하고 힘없는 이들의 외침은 언제나 공허한 메아리로 그치고 만다. 우리 사회의 외면 속에서, 자신의 노력만으로 처절한 가난을 극복할 수 있다고 믿었던 한 20대 청년은 끝내 살인자가 되어버렸다. 최소한의 인간다운 삶을 원했던 그의 외침은 2021년 현재에도 여전히 반복되고 있는 누군가의 간절한 호소다.

지금도 내 옆에, 이웃에서, 세상 곳곳에서 어디라도 가닿길 간절히 원하며 허기진 목소리로 힘없이 울부짖는 누군가가 있을 것이다. 그 작은 목소리에 귀를 기울일 것인가, 아니면 불편한 시선을 보내며 그들을 외면할 것인가. 선택은 우리가 살아가는 내내 계속 마주해야할 숙제일지도 모른다.

방송을 준비하는 내내 머릿속을 떠나지 않았던 질문은 단 하나였다.

사람은 무엇으로 사는가?

네 번째 이야기 · 임동순

미워할 수밖에 없는 죄, 미워할 수 없는 사람

서진룸살롱 살인 사건

죄는 취소되지 않는다. 다만 용서될 뿐이다.

– 이고르 스트라빈스키 | Igor Fyodorovich Stravinsky

키다리 아저씨의 두 얼굴

오늘 들려줄 이야기는 되게 다양한 장르가 얽혀 있는 이야기야. 유혈이 낭자한 잔혹 누아르^{noir}에다가 슬픈 러브스토리, 치열한 전쟁에 관한 이야기이면서 삶의 화두를 던져주는 철학적인 이야기이기도 하지! 1960, 1970년대 태생이라면 누구라도 알 만한 유명한 사건인데, 그 뒤에는 우리가 몰랐던 안타까운 이야기가 숨겨져 있어. 어때, 궁금해지지 않아?

1989년 강원도 정선 산골 오지에 한 분교가 있었어. 학생 수는 스물여덟 명이고 교실도 하나뿐인, 아주 작은 초등학교였지. 이 학교에 다니는 아이들은 어느 아저씨가 보내오는 편지를 늘 기다렸어. 그 아저씨는 정성껏 눌러쓴 편지와 함께 매달 학용품값 5만 원씩을 보내주고 있었어. 그 아저씨가 어떻게 생겼는지도 몰라. 선생님한테 물어봐도 안 가르쳐줘. 그냥 서울에 계신 훌륭한 분이라고만 했어. 그래서 아이들은 고마운 그 아저씨를 이렇게 불렀어. 키다리 아저씨라고. 그런데 어느 날 키다리 아저씨가 보내온 편지에 이런 질문이 적혀 있었어.

　　너희 소원은 뭐니? 아저씨가 들어줄 수 있는 거면 이뤄주고 싶단다.

　　산골분교 아이들은 어떤 소원을 말했을까? 아이들은 답장에 이렇게 적었어.

　　음…, 바다에서 물장구치며 놀고 싶어요. 저희는 아직 바다를 본 적이 없거든요.

　　강원도 산골 오지에서 태어나 마을을 벗어나본 적이 없는 아이들이라 바다에 놀러 가보고 싶었던 거야. 하루, 이틀… 몇 주가 지나 드디어 기다리던 답장이 왔어. 올 여름방학 중 8월 12일에 분교 아이들을 모두 부산 해운대로 초대한다는 거야! 아이들이 얼마나 좋아했겠어? 난생처음 바다에 가는 거니까.

시간은 흘러 산골 아이들의 바다 여행을 일주일 앞둔 8월 3일 밤 9시. 부산 해운대에 있는 어느 절이야. 한 스님을 찾는 전화가 걸려왔어. 그런데 통화를 마친 스님이 갑자기 주저앉으면서 막 통곡을 하는 거야. 스님은 "세상에 어찌 이럴 수 있단 말이냐!" 하고 막 울부짖으면서 절을 뛰쳐나갔대. 대체 무슨 전화였길래 수행을 하는 스님을 이렇게 이성을 잃고 대성통곡하게 만든 걸까? 전화 내용은 이랬어.

사형수 고금석은 내일 아침 서울구치소에서 사형이 집행됩니다.

이 스님은 바로 삼중스님이야. 1967년부터 전국 교도소를 다니며 재소자 교화 활동에 평생을 몸 바쳐온 분으로 300명이 넘는 사형수들의 마지막을 함께 지켜주며 '사형수들의 아버지'로 불리는 분이야. 대체 그 사형수가 누구길래 수많은 사형수를 만나온 삼중스님을 이렇게 통곡하게 만든 걸까? 스님은 택시를 타고 밤새 부산에서 서울로 달려갔어. 서울구치소에 도착한 스님은 사형 집행장 안으로 들어서는 그 사형수를 만날 수 있었어.

막 나도 모르게 눈물이 비 오듯 쏟아지는 거야. 그런데 고금석이가 들어오는 거야. 들어와서 내 앞에 삼배 절을 딱 해요, 삼배 절을. 그러면서 날 딱 잡는 거예요. 꽉 날 끌어안아. "스님 왜 이러십니까. 나보고 늘 웃으면서 마지막에 멋지게 가라고 그러셨잖아요. 난 지금 웃고 있습니다. 스님 절 보세요. 근데 왜 스님이 이렇게 우세요. 그럼 전 어떡하라고요. 스님, 웃어주세요. 편안히 웃어주세요."

- 삼중스님 인터뷰 중

그 사형수는 오히려 슬픔에 잠겨 있는 스님을 위로하며 세 가지 부탁을 남겼다고 해. 먼저 첫 번째 부탁이야.

산골 분교 아이들 바다 여행 잘 치러주세요.
아이들 물놀이할 때 위험하지 않게 잘 지켜주시고요.

그래, 이 사형수가 바로 키다리 아저씨였던 거야! 그의 이름은 고금석. 당시 나이는 스물다섯 살이었어. 산골 아이들의 소원을 들어주기 위해 삼중스님의 도움으로 아이들을 바다로 초대했지만 불과 일주일을 앞두고 사형이 결정된 거였어. 이어서 그는 두 번째 부탁을 남겼어.

그녀를 진정으로 사랑했습니다.
행복하게 잘 살 수 있게 도와주세요.

어릴 적 섬마을 바닷가에서 태어난 그에게는 아래윗집에 살면서 소꿉친구로 지냈던 동갑내기 윤 씨가 있었어. 함께 손잡고 학교에 다니고 바닷가에서 함께 뛰어놀던 두 사람은 서로에게 첫사랑이었대. 자신의 마음을 미처 밝히지 못했던 그는 죽음을 눈앞에 둔 지금에야 윤 씨에 대한 마음을 고백한 거야. 그리고 그는 마지막 부탁을 남겼어.

스님, 열흘 후 8월 14일은 그 일이 있고 3년이 되는 날입니다.
저 때문에 죽은 사람들을 위해 천일기도를 드리고 있었어요.
열흘치 기도가 모자라게 됐으니 저 대신 스님이 기도해주십시오.

맞아. 그는 사람을 죽인 살인범이야! 그로부터 3년 전 그날, 서울 강남 한복판에서 벌어진 조폭들의 칼부림 사건. 아마 들어봤을지도 몰라, 서진룸살롱 사건이라고⋯. 도심 한복판에서 무려 네 명이 잔인하게 살해된 이 사건은 당시 세상 사람들에게 엄청난 충격을 안겨주며 공포에 떨게 만들었지. 산골 아이들의 키다리 아저씨는 바로 서진룸살롱 사건의 주범이자 전직 조직폭력배였던 거야!

대한민국 조폭사에 한 획을 긋다

'조폭' 하면 뭐가 떠올라? 조직폭력배, 즉 조폭이라고 하면 우리가 흔히 떠올리는 이미지들을 각인시킨 사건이 바로 서진룸살롱 사건이야. 영화 속 조폭에 관한 묘사도 서진룸살롱 사건 이전과 이후로 나뉘어. 옛날 영화를 보면 가죽 잠바에 가죽 장갑을 낀 주인공이 혼자서 나쁜 놈들을 다 때려눕혀. 상대가 몇 명이든 맨손으로 정정당당하게 맞서곤 했거든. 그런데 어느 순간 확 달라져. 수십 명이 회칼과 쇠파이프, 야구방망이 등으로 무장한 채 룸살롱이나 나이트클럽을 습격해서 잔인하게 집단 린치를 가하는 장면이 꼭 등장하지. 조폭 영화에 이렇게 유혈이 낭자하는 칼부림 장면이 등장하게 된 계기가 바로 서진룸살롱 사건이라고 해.

서진룸살롱 사건은 대한민국 조직폭력배들의 역사에서 빼놓을 수 없는 사건이야! 먼저 조폭의 역사에 대해 간단히 알려줄게. 흔히

들 이 역사를 1기부터 4기까지로 구분하는데, 먼저 1기는 '낭만파 주먹 시대'야. 일제강점기 서울을 배경으로 김두한, 시라소니, 김춘삼 등 '주먹'들이 활약했던 시기야. 아마 드라마 〈야인시대〉를 본 사람이라면 낯익을 시기이기도 하지. 두목을 중심으로 패거리를 만들고 시장 상인들에게 보호비 명목으로 금전을 받아내는 등 조직폭력배의 형태를 갖추게 돼. 우리나라에 진출한 일본 범죄 조직에 맞서 싸우기도 하면서 낭만파 주먹 시대라고 미화하기도 하지만 실상은 조직폭력배와 다르지 않았지. 이들을 부르는 호칭도 시기마다 달라지는데 이때는 건달[*]이라고 불렸대.

그럼 2기는 언제일까? 해방 후 이승만 정권이 들어서면서 정치 깡패 시대가 시작돼. 민주주의와 공산주의, 좌익과 우익 등 정치적 이념이 대립할 때 이들은 더 큰 힘을 얻기 위해 정권과 유착하게 돼. 선거 유세나 가두 연설 등 정치 행사에 동원되어 정적政敵을 누르기 위해 주먹을 휘둘렀어. 김두한은 우익 청년 단체를 이끌다가 국회의원까지 됐고, 이정재는 정권의 2인자 이기붕의 비호를 받으며 정치 깡패의 대명사로 떠올라. '깡패[**]'라는 말은 이때 이들을 지칭하면서

---

[*]   하늘 건乾에 통달한 달達 자를 써서 '하늘의 이치에 통달했다'라는 의미이지만, 하는 일 없이 빈둥대고 게으른 사람을 가리키는 말로 쓰인다. 불교와 힌두교 신화에 등장하는 건달바乾達婆(=간나르바)라는 신의 이름에서 유래했다는 설이 있다.
[**]   범죄 조직을 의미하는 영단어 갱gang과 패거리를 의미하는 패牌의 합성어.

이정재 등 체포된 깡패 200여 명이 서울 거리에서 조리돌림을 당하는 모습.
이정재, 임화수 등에게는 이후 사형이 선고되었다.

새롭게 만들어진 말이야. 이들은 정치 권력을 등에 업고 폭력을 휘둘렀지만 박정희 군사정권이 들어선 이후 일제히 소탕됐어. 이정재, 임화수도 이때 사형을 당하면서 정치깡패 시기는 막을 내리고 말았지.

자, 그럼 3기는 언제일까? 1970~1980년대를 풍미했던 전국구 조폭의 시대야. 경제 호황과 맞물려 유흥가를 둘러싼 이권 다툼이 치열했던 시기였지. 회칼과 도끼, 낫, 쇠파이프 등 끔찍한 흉기들이 본격적으로 등장하기 시작한 게 이때부터야. 무기를 들지 않고 일대 일로 싸우는 것을 멋과 낭만으로 여기던 시대는 회칼과 집단 린치

앞에서 저물고 말아. 조폭들이 예전처럼 한 구역만 차지하는 게 아니라, 전국에 걸쳐 영향력을 행사하게 됐어. 이름하여 전국구 조폭의 시대가 열린 거지.

당시 대한민국의 밤은 삼대 패밀리가 장악하고 있었어. 김태촌의 범서방파, 조양은의 양은이파, 이동재의 OB파. 이들 세 조직이 『삼국지三國志』에 나오는 천하삼분지계天下三分之計처럼 서로 세력다툼을 벌이며 대한민국의 밤을 지배하고 있었지. 오죽하면 이때는 "낮은 영남이 지배하고 밤은 호남이 지배한다"라는 말도 돌았을 정도야. 낮은 영남 출신의 대통령이 지배하고, 밤이 되면 호남 출신의 조폭이 지배하는 세상이 된다는 의미야. 1980년대 서울의 밤을 지배한 삼대 패밀리가 전부 호남 출신의 조직이었거든. 당시에는 경부선을 중심으로 국토를 개발하면서, 호남이 경제적으로 낙후됐어. 그러다 보니 이권을 찾아 서울로 진출하게 된 호남 조직들이 대한민국의 중심부를 차지하게 된 거지. 한때 영화나 드라마에 등장하는 조폭들이 전라도 사투리를 많이 썼던 것도 이 고증 때문이야. 특정 지역에 대한 악의적인 편견 때문에 그렇게 설정된 게 아니란 말씀!

1980년대는 전국구 조폭의 전성시대였어. 이들의 위세가 어느 정도였냐! 삼대 패밀리들끼리 친목을 도모한다며 건달 체육대회를 열기도 했을 정도야. 범서방파 두목 김태촌의 주도로 열린 이 행사

서진룸살롱 살인 사건

에는 동대문사단 출신 유지광, 낙화유수, 명동 신 상사 등 주먹계의 대부들만 아니라, 무려 여야 정치인, 국회의원들까지도 참석했대! 유명 코미디언이 사회를 보고 현직 부장검사가 축사를 했다나? 범서방파와 양은이파, OB파의 조직원들이 대거 참석해서 나이에 따라 20대, 30대, 40대, 50대, 60대 이상 이렇게 다섯 팀으로 나눠서 축구경기를 한 거야. 과연 우승은 어느 팀이 차지했을까? 이때 김태촌은 30대 팀으로 뛰었는데 40대 팀에 지고 말았대. 날고 긴다는 현역들도 오랫동안 조기축구로 단련된 40대 팀한텐 못 당했던 거야. 결국 우승은 40대 팀이 차지했어.

아무튼 당시 조폭의 위세가 이 정도로 대단했어. 그러나 달도 차면 기우는 법이지. 세상에 무서울 게 없었던 전국구 조폭의 시대도 결국 막을 내리게 돼. 그리고 4기 기업형 조폭 시대가 시작돼. 합법적인 사업을 가장한 채 IT, 부동산, 주식, 금융, 연예, 스포츠 도박 등 이권이 있는 곳이라면 가리지 않고 자리를 잡아. 그리고 이 화려했던 전국구 조폭 시대의 종말을 불러온 사건이 바로 서진룸살롱 사건이야. 대한민국 역사상 가장 잔인하고 흉악했던 범죄로 꼽히는 서진룸살롱 사건! 바로 오늘의 핵심 주제지. 지금부터 그날 밤 이야기를 들려줄게.

피로 물든 광복절 아침

때는 1986년. 서울아시안게임이 채 한 달도 남지 않은 8월 14일, 광복절 전날이었어. 자정까지 얼마 남지 않은 밤 11시 30분, 사당동에 있는 한 정형외과에서 야간당직을 보고 있던 간호사 박 씨는 평생 잊지 못할 악몽 같은 경험을 하게 돼. 20대의 건장한 사내들이 피투성이 환자들을 둘러메고 병원으로 뛰어 들어온 거야. 사내들은 메고 온 환자들을 병원 곳곳에 던지듯이 내려놓고는 외쳤어.

여기 교통사고 환자요!

그러고는 대답도 듣지 않고 우르르 뛰어나가더니 어디론가 사라졌어. 메고 온 환자들만 병원에 남겨둔 채 말이야. 수술실에 한 명, 진료실 앞 복도에 한 명, 2층 올라가는 계단에 두 명…. 박 간호사는 두려움에 떨면서 환자들에게 다가갔어. 온몸에서 피를 흘리는 환자들은 미동조차 하지 않았지. 이미 숨이 끊어진 후였던 거야. 현장에 출동한 경찰은 너무도 끔찍한 사망자들의 모습을 보고 할 말을 잊었대. 사망사는 모두 네 명. 그런데 상처를 살펴본 경찰은 이게 단순한 사고가 아니라는 걸 깨달았어. 시신에는 온통 칼에 찔린 상처가 가득했던 거야. 그중에서 가장 많이 찔린 남자는 온몸에 무려 40군데가 넘는 자상刺傷이 있었다고 해. 이 일은 광복절 아침 신문에 일제히 보도됐어. 사건이 일어난 곳은 20개가 넘는 룸을 가진 최고급 룸살롱인 서진회관*이었어. 그날의 사건 현장은 강력사건만 전담해온 담당 형사도 몸서리칠 정도로 참혹했다고 해.

그 당시 김대두 이외에 강력 사건으로서는 최고의 흉악범죄라고 이렇게 생각할 수가 있죠. 네 명이 살인, 칼에 찔려 죽었다는 게 정말로… 그 당시에 별로 사건이 없었거든요. 그런데 정형외과 병원 안에 시체, 그것도 네 구가 이렇게 한 번에 있었다는 건 정말로 너무 끔찍한 사건이었죠, 그 당시에는. (…) 서진회관 내부는 유혈이 낭자하고 정말로 참 피비린내가… 막 피를 얼마나 흘렸겠어요. 사시미 긴 거 있잖아요? 60cm 되는 사시미. 그걸로 막 찔러대는데… 거기는 지하다 보니까 공기가 안 통하잖아요. 그러다 보니까 피비린내가 막 그냥 정말로 참… 현장은 아비규환이죠, 아비규환.

- 안석호 전 서울경찰청 특수수사과 형사(당시 서진룸살롱 사건 담당) 인터뷰 중

광복절 휴일을 앞두고 수많은 인파가 오갔을 강남 한복판. 그날 서진회관에서 대체 무슨 일이 일어난 걸까?

시신을 둘러멘 사내들이 병원에 들이닥치기 약 1시간 전 이야기야. 당시 스물두 살이었던 고금석은 서진회관 16호실에 있었어. 일행 몇 명이 같은 방에서 함께 술을 마시고 있었고 20호실에도 일행 여럿이 있었어. 서진회관은 이들이 자주 드나들던 아지트 같은 곳이었어. 이들은 훗날 '서울 목포파'라는 이름으로 불리게 돼. 다들 목포에서 서울로 올라온 고향 선후배 사이였거든. 하지만 이때만 해도 폭력 조직이라기보다는 시골 깡패 같은 거였어. 경찰의 관리대상 조직폭력배 명단에도 오르지 못한 신출내기들이었지.

그런데 10시 20분, 와자지껄한 소리와 함께 심상치 않은 손님들이 서진회관에 들어왔어. 보니까 떡대가 큰 남자 일곱 명이야. 있잖아, 눈 딱 마주치면 나도 모르게 시선을 피하게 되는 그런 사람들! 누가 봐도 잘나가는 조폭 같았어. 웨이터는 그들을 17호실로 안내했어. 하필이면 고금석 일행이 있는 16호실 바로 옆방이었지. 순전히 우연이었어. 다음 날이 광복절 휴일이라 거의 모든 룸이 차 있었거든. 17호실이 딱 하나 남은 빈방이었던 거야.

*   서울 강남구에 위치해 있었던 대형 룸살롱이다. 룸살롱의 이름은 서진회관이지만, 여기에서 일어난 집단 살인 사건은 언론 보도 등의 영향으로 흔히 '서진룸살롱 사건'이라고 부른다.

그땐 룸살롱이 잘나가던 때였어. 1980년대 들어서 등장한 룸살롱은 요정料亭을 밀어내고 접대문화의 꽃으로 자리 잡게 돼. 폭탄주가 유행하기 시작한 것도 바로 이때야. 룸살롱이 인기 있었던 이유가 있지. 1980년대 후반기는 민주화 운동이 곳곳에서 일어나며 정치적으로는 혼란스러웠지만, 경제적으로는 '단군 이래 최대 호황'이라고 불리던 시기였어. '새마을운동'하면 생각나는 노래 있지? '잘 살아보세 잘 살아보세 우리도 한번 잘 살아보세.' 가난에서 벗어나 잘 살아보려고 열심히 일만 했더니, 1980년대 들어서서 드디어 살 만해진 거야! 그래서 뭐가 발전했다? 바로 향락과 유흥문화야.

1986년 강남에만 룸살롱, 디스코텍 같은 곳이 450개가 있었대. 4년 전인 1982년에 비해 네 배 가까이 늘어난 거야. 강남 밤거리는 불야성을 이루며 유흥문화의 중심지가 됐지. 게다가 은밀한 이야기를 나누기엔 룸살롱이 제격이었어. 정치인, 사업가, 하물며 일반 직장인들까지도 접대를 위해 룸살롱으로 몰려들었지. 경제 호황으로 벌어들인 엄청난 돈이 강남으로 몰려들었어. 자, 그럼 돈이 있는 곳엔 뭐가 있다? 맞아. 조폭들도 강남으로 모여들었던 거야. 그러다가 하필이면 심상치 않은 두 패거리가 벽 한 칸을 사이에 두고 서진회관에서 만나게 된 거지. 17호실에 들어간 남자들은 이미 1차를 마치고 왔는지 술이 거나하게 취해 있었어. 그러면서 돈 4만 원을 웨이

터한테 주는 거야. 팁인가? 아냐.

> 이걸로 패스포트 두 병 사 오고, 안주는 알아서 가져와.

혹시 패스포트^{Passport}라는 양주 알아? 그때는 86 아시안게임, 88 올림픽을 앞두고 외국 손님 맞이한다며 양주 경쟁이 치열했던 때였어. 그때는 위스키 원액이 20%만 들어갔어도 그걸 정통 위스키랍시고 팔았거든. 그러다가 원액 100%의 정통 스카치 위스키^{Scotch Whisky} 패스포트가 나온 거야. 당시 제일 잘나가던 양주였지. 원가가 2만 원 정도였는데, 이 사람들은 4만 원 주고 그걸 두 병 사 오라고 하는 거야. 그런 얘기 있잖아. 1,000원짜리 한 장 주면서 '이걸로 맥주 세 병, 담배 두 갑 사 오고 잔돈은 가져!', 그런 식이었던 거지. 뭐 어쩌겠어. 딱 봐도 조폭인데…. 알겠다고 하고 나갔어.

> 우리 형님이 광복절 특사로 나왔으니까 알아서 서비스 잘 해줘~

17호실 손님들은 조직원 중 한 명이 그날 아침 광복절 특사로 출소하면서 축하파티를 하는 거였어. 그런데 10분이 지나도 술이 안 오네? 기분이 슬슬 나빠졌어. 게다가 가만 보니까 방도 제일 구석진 곳 화장실 옆방이고 좁기도 되게 좁았거든. 그중 가장 덩치 큰 사내가 룸 안에 있던 인터폰으로 웨이터를 호출했어. 방이 이게 뭐냐, 어디 넓은 방 없냐고 다그쳤지. 그런데 아까 말했다시피 남는 방이 17호실 하나뿐이었거든. 그러니 웨이터가 어쩌겠어, 빈방이 없으니 없다고 말할 수밖에. 그런데 또 이 양반들한테는 그게 또 불만이였어. 술을 시켰는데 안 오지, 방도 맘에 안 들지, 바꿔주지도 못한다니까 화가 난 거야. 바로 주먹을 날려서 웨이터를 쳤어. 한 방에 코피가 주르륵 터졌어.

사실 이정도로 끝났으면, 자주는 아니더라도 그 당시 밤 유흥업소에서 일어날 법한 해프닝이었거든. 그런데 상황은 예상치 못한 방향으로 흘러갔어. 얼굴이 피투성이가 된 채 방을 나온 웨이터는 화도 나고 서럽기도 해서 복도에 서서 울었대. 그러다가 바로 옆방 16호실로 들어간 거야. 그 방 안에는 고금석을 비롯한 서울 목포파 다섯 명이 있었지. 평소 안면이 있던 웨이터가 피투성이가 돼서 들어왔으니 놀랐을 거 아냐. 이유를 물었더니 웨이터가 울며 사정을 얘기해. 그러니 이걸 들은 서울 목포파는 발끈했지. "대체 어떤 놈들이야!" 했더니, 풍기는 분위기가 무시무시한 게 딱 봐도 보통 조직이 아닌 것 같다는 거야. 그리고 이어지는 말을 듣고 놀랄 수밖에 없었어.

두목인 듯한 사람이 큰형님한테 인사하러 간다고 나갔는데 언뜻 들어보니까 김태촌이라고 했어요.

김태촌! 앞에서 얘기했지? 3기 전국구 조폭 시대를 대표하는 삼대 패밀리 중 하나, 범서방파를 이끄는 조폭계의 전설! 김태촌을 형님으로 모신다고? 그럼 그야말로 전국구 조직인 거야. 이름도 없는 서울 목포파가 덤빌 엄두도 낼 수 없는 거물인 거지. 순간, 방 안에 정적이 흘렀어. 다들 얼어붙어 있는데 한 명이 자리에서 일어났어. 바로 고금석이야. 고금석과 다른 조직원 한 명이 화장실에 간다고 방에서 나왔어. 일을 보고 방으로 돌아가는데 그때 17호실 문이 딱 열려. 그리고 누군가 나오는데 떡대가 엄청나! 바로 조 씨였어. 키 190cm, 체중 100kg, 전직 헤비급 복서 출신으로 '일대일 싸움으로는 김두한 이후 최고'라고 불리던 유명한 싸움꾼이었대. 그는 맘보파의 행동대장이었어. 17호실에 온 심상치 않은 손님들의 정체는 맘보파였던 거야.

맘보파는 김태촌이 이끄는 서방파의 방계조직으로 전국 어디에 가든 이름만 대면 알아주는 전국구 조직이었어. 왜 맘보파냐? 두목의 별명이 맘보였거든. 그래서 맘보파라는 이름이 붙었어. 조직 이름이 그렇게 멋있거나 하진 않지? 두목이 맘보니까 맘보파라니, 성의도 없어 보이고 말이야. 왜냐면 이 이름들을 자기들이 직접 짓는 게 아니라 조폭 수사를 하는 경찰이 지어주는 거거든. 조폭들은 대부분 자기들 조직 이름을 말하고 다니거나 하질 않아. 잘못하면 '범죄단체조직죄'로 엄중한 처벌을 받을 수 있거든! 그리고 그 범죄단체에 가입해서 소속되어 있는 것만으로도 2년 이상의 징역을 받을 수 있어. 두목은 법정 최고형인 사형까지도 받을 수 있고. 그래서 조폭들끼리 대화할 때는 "너네들 어느 파냐?" 하는 식으로는 묻지 않았대. 대신 "어느 형님 식구냐?" 하고 묻는다는 거야. 맘보파라면 "맘보 형님네 식구"라는 식이 되겠지.

그러다 보니 경찰들이 이름을 지어줄 때는 부르거나 구분하기 쉽게 대강대강 짓는 거지. 보통 두목(?)의 이름이나 별명으로 짓거나 지역 이름으로 짓는 경우가 대부분이래. '양은이파'나 '만식이파' 등은 두목의 이름을 딴 거고, '까불이파'나 '꼴망파'는 두목의 별명을 그대로 가져와서 지은 거지. '서방파'는 김태촌의 고향인 서방면의 이름에서 따온 거고, '오동동파'는 창원 오동동을 근거지로 활동한다고 해서 오동동파야.

암튼 맘보파는 경찰청 조직폭력 관리대장에 기록된 전국구 조직이야. 전국구 조직 맘보파 행동대장 조 씨와 족보도 없는 신출내기 서울 목포파의 두 명이 룸살롱 좁은 복도에서 딱 마주치고 만 거야. 서로 눈이 마주쳤어. 알지? 술자리 싸움이 대부분 이렇게 시작하는 거. 이때 한쪽이 시선을 피하면 되는데 계속 쳐다보면 '어이, 뭘 꼬나봐?' 하면서 싸움이 시작되잖아. 두 패거리는 서로 그렇게 시선을 교환했어. 상대는 소문이 자자한 맘보파 행동대장. 그러나 고금석은 시선을 피하지 않았어. 그때! 옆에 있던 서울 목포파 한 명이 입을 열었어.

야, 이게 얼마 만이야? 진짜 반갑네.

알고 보니 그 두 사람은 같은 고등학교 선후배였던 거야. 사실 맘보파와 서울 목포파는 모두 목포에서 올라온, 같은 고향 출신들이었어. 누구랑 누구는 초등학교 선후배, 중·고등학교 선후배 사이였고, 같은 동네에서 자라서 서로 안면이 있었지. 이때만 해도 화기애애한 동창들의 반가운 만남으로 끝날 것 같았어. 그런데 문제가 생겼어. 웨이터에게 행패를 부린 조 씨가 탐탁지 않았던 고금석이 인사를 안 했던 거야. 술이 거나하게 취한 조 씨는 그게 눈에 거슬렸어.

어이, 선배를 봤으면 인사를 해야지~.
어쭈, 많이 컸네. 서울 물 먹더니 고향선배도 몰라보나?

고금석의 따귀를 서너 차례 갈겼어. 기분이 나빠, 안 나빠? 고금석은 인상을 쓰며 노려봤어.

어디 족보도 없는 똘마니 자식이 인상을 써?

그러면서 주먹질을 하기 시작했어. 스물두 살 한창 혈기왕성한 나이의 고금석은 더 이상 참지 못했어. 그렇게 서로 소리 지르며 몸싸움이 시작됐고 조 씨가 17호실을 향해 외쳤어.

야, 다 나와봐라!

17호실에서 맘보파 조직원들이 우르르 나왔어. 상황을 보니까 족보도 없는 애들이 감히 건방지게 맘보파한테 덤벼드네? 조직원들은 조 씨와 함께 고금석을 두들겨 패기 시작했어. 단순한 시비로 끝날 수 있었던 일이 걷잡을 수 없이 커진 거지!

이때 20호실에서는 서울 목포파 두목 장 씨와 행동대장이 술을 마시고 있었어. 그런데 밖에서 시끄러운 소리가 들려온 거야. 장 씨가 시켜서 상황을 살펴보러 행동대장이 나갔는데, 행동대장도 한참 동안 안 돌아오는 거야. 방 안에 있던 다른 두 명이 일어났어. 나가서 봤더니 복도에서 맘보파와 서울 목포파가 서로 노려보며 대치하고 있는 거야. 그야말로 일촉즉발의 상황이야! 수많은 실전을 겪어온 전국구 맘보파는 상대적으로 여유로웠어. 그들 입장에서 보면 서울 목포파는 조직이라고 부르기도 민망한 조무래기들이었거든.

큰일을 낸 무서운 아이들

사실 고금석을 비롯한 서울 목포파의 대부분은 20대 초반의 대학생들이었어. 같은 고향 출신으로 같은 대학에서 유도를 배우던 선후배들이었던 거지. 고금석을 비롯한 선후배들을 끌어들인 건 먼저 졸업한 선배 장 씨였어. 그는 일본 사무라이 문화에 심취해 있었고 마피아, 야쿠자와 같은 폭력의 세계를 동경했대. 훗날 이들이 함께 살던 거처에서 일본의 전설적인 검객 미야모토 무사시宮本武蔵의 일생을 그린 소설, 『미야모토 무사시』 같은 책들이 발견되기도 했어. 그밖에도 『46인의 사무라이』, 『마피아 보스의 사생활』, 『대부』 등 암흑가 폭력조직의 생태를 그린 소설들을 탐독했대 이 책들만 봐도, 그들이 얼마나 폭력조직에 심취해 있었는가를 엿볼 수 있겠지? 하지만 단순한 동경으로 그치지 않았어.

까짓것 나라고 못 할게 뭐 있어?

김태촌, 조양은처럼 나도 강남을 접수하는 거야!

장 씨는 세력을 모으기로 결심했어. 그래서 같은 고향 출신의 학교 후배들을 끌어들였던 거야. 일단 목표는 크게 잡았어. 바로 전국제패! "우리가 전국의 조폭계를 정화한다!", 이거야!

'누구 파' 하면 계열이 딱 있고, 자기들 나름대로 그게 있잖아요? 그런데 이 친구들은 그냥 학교에서 운동하던, 그냥 운동하는 아이들이란 말이야. (…) 그런데 애들이 이렇게 만나서 뭉치다 보니까 자기들이 뭐라고 하냐 하면, 자기들이 조폭 세계를 정화하겠다! 정화하겠다, 조폭 세계를…. 그런 마인드를 가지고 있던 애들이야. 참 희한한 생각을 가지고 있어. 그러다 보니까 같이 뭉쳐 다닌 거예요.
- 안석호 전 서울경찰청 특수수사과 형사(당시 서진룸살롱 사건 담당) 인터뷰 중

그때부터 서울 목포파는 아파트에서 같이 합숙하며 지옥훈련을 했어. 서울 인근 야산 약수터에서 수차례 격투 훈련을 하고 일대

다 전투, 다대일 전투에서 이기는 방법 등 싸움 기술을 갈고닦았대. 마치 영화 〈넘버 3〉에 나오는 불사파처럼 말이야. 사실 조폭은 10대 후반에서 20대 초반, 이때가 제일 무섭대. 위에서 시키는 대로 물불 안 가리고 저지르거든. 그때는 조직폭력배의 세계에 환상을 갖고 동경하던 10대들이 많았어. 그렇게 조직에 발을 들인 아이들은 뒤를 생각 안 하고 명령에 따라 움직여. 결국 처벌은 이들이 받게 되는 거야. 조직에 이용당하는 줄도 모르고 그렇게 길들여지는 거지. 아무튼 고금석 일행도 영화 속 장면처럼 야산을 다니며 훈련을 했대. 해남에 내려가 전지훈련까지 하면서 누구에게도 지지 않는다는 자신 감을 길렀다는 거야. 그렇게 서울 목포파가 탄생했어!

실전에 나서기도 했어. "다른 조직이 상납금을 내라고 협박하는데 본때를 보여달라", "빌려 간 돈을 갚지 않는데 떼인 돈을 대신 받아달라" 같은 주변 청부를 받아서 폭력을 휘두른 거야. 기성조직이든 조폭계의 선배든 가리지 않고 청부 해결사로 나섰지. 그러다 보니까 항상 불안했어. 언제 보복을 당할지 모른다는 두려움이 있었거든. 애인과 길을 걸을 때도 항상 주위 사방팔방을 둘러보며 다녔을 정도래. 모든 조직원이 아파트에서 합숙을 하고 자동차 트렁크에는 야구방망이, 발목에는 칼을 차고 다니기 시작했다지 뭐야. 언제 보복당할지 모른다는 불안감은 모든 조폭들이 감내해야 되는 걸지도

서진룸살롱 살인 사건

몰라. 그리고 그 불안감에 대비하고자 하는 게 때론 더 커다란 불행을 불러오기도 해.

좁은 룸살롱 복도에서 맘보파와 마주하고 있는 서울 목포파 조직원들 중 몇 명은 발목에 날카로운 칼을 숨기고 있었어. 만약 흉기를 갖고 있지 않았더라면 그저 단순한 폭행 사건으로 끝났을지도 모를 일이, 불안한 마음에 지니고 다니던 칼 때문에 더 크게 번지고만 거야. 팽팽한 긴장감이 흐르는 상황, 맘보파 행동대장 조 씨가 앞에 나섰어.

내가 누군지 알지? 한번 해보겠다 이거야? 엉?

상대는 전국구 조직, 그중에서도 당할 자가 없다는 싸움꾼이었어. 그 이름값에 눌린 서울 목포파의 행동대장이 발목에 차고 있던 칼을 꺼내 들었어. 그러자 나머지 몇 명도 칼을 꺼냈지. 룸살롱 복도에 일순 정적이 흘렀어. 시퍼렇게 날이 선 칼을 든 서울 목포파와 달리 맘보파는 모두 빈손이었거든. 갑자기 공기가 바뀌었어. 맘보파가 불리해진 거야. 그러나 조 씨는 그걸 보고도 눈 하나 깜짝 안 했어.

그런다고 내가 겁먹을 줄 알았냐? 어디 자신 있으면 찔러보든가.

'설마 진짜로 찌르기야 하겠어?' 하고 무시하는 마음도 있었겠지. 어느 한쪽이 자존심을 굽히고 피했으면 좋았겠지만, 양쪽 모두 굽히려 들지 않았어. 마치 치킨게임*처럼 말이야. 맘보파와 서울 목포파, 어느 쪽도 핸들을 꺾으려 들지 않았어. 양쪽 다 '풀악셀'을 밟은 거야.

먼저 움직인 것은 서울 목포파의 행동대장이었어. '일단 조 씨를 먼저 제긴다!' 가장 상대하기 버거운 조 씨를 먼저 공격하기로 한 거야. 결심한 행동대장은 손에 든 칼로 조 씨의 팔을 내리쳤어. 이어서 고금석이 조 씨의 허벅지를 찔렀지. 복도에는 조 씨의 비명이 울려 퍼졌고, 깜짝 놀란 맘보파 조직원들은 황급히 몸을 피했어. 한 명이 부상당한 조 씨를 끌고 복도 끝 화장실로 피했고, 나머지 인원들도 17호실로 도망을 가. 그러나 흥분한 서울 목포파는 멈추지 않았어. 고금석을 비롯한 몇 명은 조 씨를 쫓아 화장실로 달려가 칼을 휘둘렀고, 나머지는 비상구 근처에 있던 역기를 가져와서 잠긴 17호실 문을 부수기 시작한 거야. 그동안 한 명은 주차장에 세워놓은 차로 달려가 트렁크에서 야구방망이와 칼들을 꺼내 왔지. 그야말로 사태

---

* 1950년대 미국 젊은이들 사이에서 유행했던 일명 겁쟁이 게임으로, 영화 〈이유 없는 반항〉에서 유래했다. 차를 몰고 서로를 향해 돌진하다가 어느 한쪽이 겁을 먹고 핸들을 돌려 피하면 진다. '한쪽이 먼저 포기하면 상대방에 비해 손해를 보게 되지만, 서로 포기하지 않을 경우 최악의 결과가 벌어지는 상황'을 가리키는 말로 쓰인다.

서진룸살롱 살인 사건

는 걷잡을 수 없이 커지고 만 거야. 조금 전까지 음악과 웃음소리로 가득했던 룸살롱 복도는 비명과 고함, 문이 부서지는 소리로 가득 찼지. 그리고 마침내 17호실 문이 부서졌어. 피 묻은 칼을 들고 화장실에서 나온 고금석과 행동대장은 17호실로 뛰어 들어갔어. 그리고 아비규환이었지. 처음 언쟁이 시작되고 모든 상황이 끝나기까지 불과 20분밖에 걸리지 않았어. 이때 앞장서서 칼을 휘둘렀던 고금석은 훗날 법정에서 이렇게 말했대.

피를 보는 순간 눈이 뒤집혀서 그만… 멈출 수가 없었습니다.

고금석을 아는 사람들은 그가 이런 짓을 저질렀다는 것을 쉽게 믿지 못했대. 스물두 살의 대학생 고금석은 어쩌다 이렇게 잔혹한 칼잡이가 됐을까? 불우한 환경에서 자랐다고 다 범죄의 길에 빠지는 건 아니지만 범죄자들 중에는 불우한 환경에서 자라난 사람이 많이 있잖아. 하지만 고금석은 달랐어. 낙도落島를 전전하며 아이들은 가르쳤던 아버지는 섬마을 사람들의 존경을 받는 훌륭한 분이었어. 어머니 역시 어린 고금석을 사랑으로 돌봐주셨대. 순하고 예의 바른 아이였던 고금석은 마을에서도 칭찬이 자자했다고 해. 아침에 일어나면 부모님께 큰절을 하며 문안 인사를 올렸고 동네에 술 취한 어르신들이 있으면 업어서 집까지 모셔드리는 일도 많았대.

어린 고금석에게는 한 가지 꿈이 있었어. 넉넉지 못한 가정환경 때문에 그의 어머니는 혼자 농사일을 해야 했는데, 오랫동안 험한 일을 한 탓에 다리가 불편하셨다고 해. 고금석은 그런 어머니를 위해 돈을 벌어 자가용을 사드리는 게 꿈이었대. 고등학교를 졸업하고 대학에 진학하면서 그는 고향을 떠나 서울에서 자취를 시작했어. 부모님의 부담을 덜어드리려고 신문 배달도 하고, 아파트를 다니며 옥수수를 팔기도 하는 등 바삐 아르바이트를 했대. '학교를 졸업하면 체육교사가 될 거야. 얼른 자가용을 사서 어머니를 모시고 다녀야지.' 그렇게 꿈을 이루기 위해 하루하루를 보내고 있었어. 그러던 그를 대학을 먼저 졸업한 선배 장 씨가 눈여겨본 거야. 그의 자취방에는 같은 고향 출신의 동기와 선배들이 자주 드나들었거든.

너 돈 좀 벌어볼래?

고금석은 그 제안을 거절하지 못했어. 같은 고향 출신에 같은 학교를 나온 선배였어. 선배는 하느님과 동기동창이라고 하잖아. 체육계열의 선후배 사이는 그 정도로 위계질서가 엄격했거든. 결국 그는 장 씨의 소개로 천호동 나이트클럽에서 일을 시작하게 됐대. 처음에는 그냥 아르바이트인 줄로만 알았어. 꼬박꼬박 들어오는 돈도 생겼고 장 씨의 제안으로 선배들과 함께 자취하게 되면서 월세도 아낄 수 있었지.

그러던 어느 날, 선배의 전화를 받고 달려간 곳에서 예상치 못한 상황과 마주하게 됐어. 흉기를 들고 싸움을 벌이는 선배들의 모습을 보게 된 거야. 얼떨결에 싸움에 휘말렸지만 서울 목포파는 그 대가로 큰돈을 받았다고 해. 고금석은 거기서 발을 빼지 못했어. 어느 순간 그의 손에는 칼이 들려 있었고, 나이 어린 말단 행동대원으로 선배들의 말에 따라 앞장서서 칼을 휘둘렀어. 순박했던 섬마을 소년 고금석은 서울로 올라온 지 불과 몇 해 만에 서울 목포파의 칼잡이가 되어버린 거야. 그리고 악명 높은 서진룸살롱 사건의 주범이 되고 말아.

스스로 인간이기를 포기한 자들

그곳에 들어섰을 때 마치 지옥에 내던져진 것 같았어요.

범행 직후 서진회관을 찾은 기자들이 선혈이 낭자한 룸살롱 내부를 보고는 그렇게 말했대. 이 사건은 광복절 아침 모든 일간지에 일제히 보도됐어. 기사를 본 사람들은 모두 경악했지. 그동안 조폭들 간의 칼부림 사건들은 종종 있었지만 이렇게 잔인하게 여러 명을 살해한 사건은 처음이었거든. 더욱이 강남 한복판에서 이런 잔인한 범행을 저질렀다는 것에 모두들 충격과 공포에 떨었어. 뉴스를 보고 사태의 심각성을 깨달은 목포파 조직원들은 하나둘 자수하기 시작했어. 경찰의 수사망을 피해 도망친 두목 장 씨와 행동대장 김 씨도 며칠 후 검거되고 말았지. 서울로 이송된 두 사람 앞에는 엄청난 취재진이 몰려들었어. 그리고 사람들은 충격에 휩싸였어.

체포된 범인 장 씨 등이 서진회관에서 현장검증 과정에서 테이블을 뒤엎는 등의 난동을 재연하고 있다.

기자 : (김 씨에게) 지금 심정이 어떻습니까?

김 씨 : 평상시에 각오를 했기 때문에 떳떳합니다.

소감이 있다면요. 다만 부모님한테 첫째로 불효한 것이고요.

둘째는 아주 어린 놈들이랑 (싸움을) 했다는 게 참 그렇습니다.

기자 : (장 씨에게) 지금 심정이 어떻습니까?

장 씨 : 무슨 말이 듣고 싶소?

　　- 목포파 두목 장 씨, 행동대장 김 씨의 검거 직후 인터뷰 중

두목 장 씨와 행동대장 김 씨는 태연하게 기자들의 질문에 답했어. 마치 별 대수롭지 않은 일이라도 저질렀다는 양! 이때 장 씨의 나이 스물다섯 살, 김 씨의 나이 스물세 살이었어. 불과 20대 초중반의 나이에 잔혹한 범죄로 네 명의 생명을 앗아 갔음에도 일말의 죄의식조차 보이지 않는 이들을 본 기자들은 기사에서 이들을 이렇게 불렀어. "10인의 살인폭력배"! 그리고 이 열 명 중에는 고금석도 포함되어 있었지.

사건이 있고 보름 후인 1986년 8월 29일, 현장검증이 열리는 날에 엄청난 인파가 몰려들었어. 인면수심의 살인자들을 보러 온 사람들이 길가는 물론 건물 옥상을 가득 메울 정도였어. 경찰은 만약을 대비해서 600명의 인원을 배치했대. 보름 만에 사람들 앞에 모

습을 드러낸 서울 목포파 조직원들의 모습은 검거 당시와는 확연히
달라졌어. 한결 수척해진 모습으로 나타난 그들은 검거 당시 카메
라를 똑바로 쳐다보며 눈을 부라리던 것과 달리, 고개를 푹 숙인 채
그날의 지옥 같은 현장을 재연했지. 카메라 앞에서 약한 모습을 보
이기 싫어 객기를 부렸던 그들은 자신들이 얼마나 엄청난 죄를 저질
렀는지 뒤늦게 깨닫게 된 거야. 사무라이를 자처하며 환상 속에 빠
져 있다가 그제야 현실로 돌아온 거지.

곧 재판이 열렸어. 목포파 조직원들은 고개를 숙인 채 법정에
들어섰어. 검사는 이들의 범행사실을 하나씩 나열하며 논고에서 이
렇게 말했어.

현장검증 당일, 범인을 보기 위해서 엄청난 인파가 모여들었다.

스스로 인간이기를 포기한 피고인들에게는 관용의 여지가 없다.

그리고 이들에게 법정최고형인 사형을 구형했어. 서울 목포파 조직원들은 고개를 푹 숙인 채 흐느끼고 있었지. 재판은 세 번에 걸쳐 진행됐는데, 사건이 벌어지고 1년 2개월이 지난 1987년 10월 대법원 최종판결이 나왔어. 그리고 여기에서 결국 직접 공격행위에 가담하지 않았던 두목 장 씨에게는 무기징역, 칼을 들고 일선에서 공격했던 행동대장 김 씨와 고금석에게는 사형이 선고된 거야.

범죄와의 전쟁

이렇게 서진룸살롱 사건은 마무리됐어. 그러나 이걸로 모든 게 끝난 건 아니야. 이 사건은 아무도 예상치 못한 나비효과를 불러오게 돼. 서진룸살롱 사건을 접한 사람들은 조폭의 잔혹함에 치를 떨었어. 이대로 조폭들이 활개 치고 다니도록 놔둬선 안 된다는 국민적 공감대가 형성된 거야. 치안본부장은 전 경찰에게 비상경계근무령을 내리고 전국에 산재한 폭력조직들을 발본색원하라고 지시해. 이참에 독버섯같이 기생하는 조직폭력배들을 뿌리 뽑자는 분위기가 된 거

노태우 대통령의 '범죄와의 전쟁' 선포 이후, 일선 경찰들에게 조직폭력배들에게
대항하기 위한 실탄이 지급되었다.

야. 급기야 대통령까지 나섰어! 그리고 전국구 조폭 시대의 전성기를
자랑하며 활개 치는 폭력조직과 이들을 뿌리 뽑으려는 경찰 간에 2
년간의 치열한 전쟁이 벌어져! 이게 바로 '범죄와의 전쟁'이야!

> 저는 우리의 공동체를 파괴하는 범죄와 폭력에 대한 전쟁
> 을 선포합니다. 정권이 부여한 대통령의 모든 권한을 동원
> 하여 이를 소탕해나갈 것입니다.
>
> — 노태우 전 대통령, 대국민담화, 1990. 10. 13.

1990년 10월 13일 노태우 전 대통령은 대국민담화 TV 생중계에

윤석양 이병의 고발 기자회견 현장. SBS〈그것이 알고 싶다〉자료 화면.

서 범죄와 폭력에 대한 전쟁을 선포해. 대통령 특별지시로 1992년까지 2년간 약 1만 6,000명의 경찰이 충원됐고 4만 5,000명을 권총과 가스총으로 무장시켰어. 그리고 전국적으로 기승을 부리던 조직폭력배들과 사활을 걸고 전면전을 펼치게 돼. 한국 근대사의 행간에 숨겨진 그 치열하고 무자비했던 전쟁이 바로 범죄와의 전쟁이었어.

그런데 여기에는 사실 다른 이유도 있었어. 당시 노태우 정권은 정치적 위기상황에 처해 있었거든. 1990년 10월 4일 한 이등병이 양심선언을 했기 때문이야. 바로 국군 보안사령부가 민간인 1,300명을 사찰하고 있다는 고발이었지! 그가 공개한 30장의 디스켓과 서류 속에는 보안사령부가 각계 주요 인사와 민간인을 사찰했다는 증거가 담겨 있었어. 이 일로 인해 노태우 정권은 엄청난 비난을 받게 되며 막다른 길에 몰려. 이 위기를 벗어나기 위해서 선택한 카드

꼬리에 꼬리를 무는 그날 이야기

가 바로 범죄와의 전쟁이었어. 그래서 민간인 사찰이 폭로되고 열흘 후 10월 13일, 부랴부랴 범죄와의 전쟁을 선포했던 거지.

사실 이전에도 정권이 바뀔 때마다 범죄소탕은 늘 해왔어. 민심을 달래기 위해서는 치안 유지에 각별히 신경을 써야 했거든. 하지만 이번 범죄와의 전쟁은 스케일이 달랐어. 이번 기회에 조직폭력배들을 완전히 뿌리 뽑겠다는 듯이 인정사정 없는 소탕 작전을 펼친 거야. 그야말로 전면전이었지! 검경을 동원, 조직폭력배 일제 소탕을 벌여.

폭력 조직 274개파 1,421명을 검거했고 1,086명을 구속했어. 당시 전국구 폭력조직 두목으로 위세를 떨치던 김태촌, 조양은을 비롯해서 웬만한 조직 두목, 주요 간부급들은 싹 다 구속시킨 거야. 그 결과 상당수 조직이 와해되고 분열됐으며 그렇게 전국구 조폭 시대는 막을 내리고 말았어. 매년 증가하던 5대 강력범죄 발생률이 2년간 5.9% 감소했고 검거율도 8.7% 증가하는 성과를 거두지. 반면 2년간 경찰은 하루 16시간 이상 격무에 시달려야 했어. 책임자인 경찰청 형사국장이 과로로 사망한 것을 비롯해, 조폭 검거과정에서 순직한 경찰도 많았어. 범죄와의 전쟁 당시 순직한 경찰이 총 126명, 부상자가 2,200여 명! 그만큼 치열했던 전쟁이었어.

신출내기 서울 목포파가 저지른 서진룸살롱 사건이 불러온 나비효과로 인해 전국구 조폭 시대가 끝나고 만 거야. 아이러니하게도 서울 목포파가 자신만만하게 내걸고 나섰던 자신들의 목적을 성공적으로 달성한 셈이야. 앞에서 그들이 조폭계를 정화하겠다며 조직을 결성했다고 했잖아! 그들의 의도한 것과 조금 다른 방향이었을지는 모르지만 결국 그 야망이 이뤄진 셈이야.

빨간 딱지를 단 선사님

한편 서진룸살롱 사건의 주범으로 사형선고를 받은 고금석은 가슴에 사형수를 의미하는 빨간 딱지를 달고 수감 생활을 하고 있었어. 그는 수감 이후 완전히 다른 사람이 됐다고 해. 불교에 귀의한 그는 매일 새벽 3시에 일어나 참선을 했대. 그리고 자신으로 인해 사망한 피해자들에게 참회하며 삼천배를 올렸대. 무릎이 벗겨져 피가 흐를 정도였다고 해. 당시 그가 쓴 옥중편지에는 참회의 심경이 절절하게 묻어나.

화창한 봄날에 창살 밖에도 참새들이 아름다운 소리를 내며 비상하는 모습이 무척 행복하게 보입니다. 저렇게 짝을 지어 날고 있는 새들을 보노라면 자유가 무엇이며 얼마나 좋은 것인가를 새삼 느끼게 합니다. 과거의 자신도 사랑하는 많은 이들의 충고를 무시하고 아집과 아만으로 꿈이 물들어 모든 것이 나의 마음대로 될것 같이 법을 무시하고 한 마리 야생마같이 날뛰었습니다. 돌이켜 생각해보면 참으로 어리석고 철없는 행동이었습니다.

88년 한 해 동안 불법을 만나 자신 많은 변화가 왔습니다. 여느 때는 무릎에서 피가 나도록 참회의 예를 하며 탐·진·치로 물들었던 자신의 업장을 소멸하며 새벽 1시에 일어나 예불과 추위를 이기며 3시간 동안의 좌선을 하다 보니 귀에 동상까지 걸리게 되었습니다. 또한 무엇보다도 타 종교에서는 깊이 느낄 수 없는 생명의 소중함을 깨닫게 되었습니다. 무더운 여름에 파리, 모기에 시달려도 결코 죽일 수가 없었습니다. 그것은 자비로우신 부처님께서 일체의 모든 유정 무정은 불성이 있다고 설하셨기 때문입니다. 더구나 자신의 현실이 더더욱 생명의 소중함과 귀중함을 느낄 수 있었기 때문이기도 하지요. 그 무엇보다도 자신의 생명보다 더 귀중한 것은 없으니까요.

- 고금석의 옥중편지 중

서진룸살롱 살인 사건

식사는 하루에 한 끼밖에 먹지 않았대. 남의 목숨을 빼앗은 몸이 어떻게 하루 세 끼를 챙겨 먹을 수 있겠냐는 거야. 그래서 남은 두 끼를 다른 재소자들에게 나눠주고 자신은 한 끼만 먹었어. 그뿐 아니라 어려움에 처한 재소자들을 보면 '반드시'라고 할 만큼 도움을 줬대. 아이를 출산한 여성 재소자가 있다면 자신의 영치금을 털어 우유와 기저귀 사는 데 보태라고 했고 맹인, 나환자, 소년소녀가장 등 어려운 이들에게 나눠주었대. 그런 그를 보며 다른 재소자들은 '선사님'이라고 불렀대. 고행하는 스님처럼 자신의 잘못을 참회하며 살던 그는 자신이 지니던 염주를 남기고 형장의 이슬로 사라졌대. 삼중스님은 고금석이 남긴 염주를 30년이 넘도록 손에서 빼지 않고 계신대.

항상 내 손에 있어요. 그러니까 난 금석이를 늘 만나요. 하루에 몇 번을 만나요. 그러니까 참 죽지 않은 거예요, 금석이는…. 내 가슴속에 살아 있는 거예요. 염주와 더불어. 물론 사형수였습니다. 집행장에서 갔습니다. 죗값을 지불하고. 사형이라는 죄목에 대해서는 억울하니 얘기할 건 없고. 그러나 인간은 저렇게 변할 수 있는 거구나. 내가 스스로 변하는 모습을 보여야 변해지는 거죠. 그걸 배우는 거죠. 저렇게 변해

가는구나. 그 사람이 어떻게 살았느냐는 떠날 때 보면 알아
요. 한 인간의 마지막 모습….

- 삼중스님 인터뷰 중

고금석의 동갑내기 소꿉친구이자 첫사랑 윤 씨는 어떻게 됐을
까? 고금석이 수감생활을 하는 동안에도 윤 씨는 매일같이 면회를
왔대. 그렇게 창살을 사이에 두고 만남을 이어가던 어느날, 윤 씨가
폭탄선언을 했어.

저는 금석이와 결혼을 할 거예요. 그가 죽기 전에 부부의 연을
맺고 싶어요.

하지만 교도소 측에서는 허락해주지 않았어. 전례가 없다는 거
야. 사형수는 미결수未決囚*이기 때문에 옥중결혼은 할 수 없다고 했
지만, 그녀는 결심을 굽히지 않았어.

---

* 아직 형사재판의 결과로 인한 형이 확정되지 않은 채 구금된 죄수이다. 사형이 처해지기 전
에는 아직 형이 집행된 상태가 아니기 때문에 사형수는 미결수 신분이다. 사형에 처해짐으로써
기결수 신분이 된다.

사형이 집행돼도 두렵지 않아요.

만약 죽더라도 여승이 되어 평생 그의 명복을 빌며 살겠어요.

옥중결혼이 안 된다면 비구니가 되어 평생을 보내겠다는 거야. 그 말을 들은 고금석은 삼중스님에게 부탁했대. 제발 그것만은 막아달라고…. 여승이 돼서 평생 자기를 추모하고 산다는데, 그건 오히려 자기가 죽어서도 마음에 걸릴 거라고, 빨리 자기를 잊고 좋은 사람 만나서 행복하게 살 수 있도록 도와달라고 스님에게 간절히 부탁했어.

그리고 그때부터 고금석은 윤 씨의 면회를 거절하고 만나지 않았대. 그는 결심한 거야. 자신 때문에 윤 씨가 불행해진다면 차라리 그녀를 만나지 않겠다고. 얼마나 그립고 보고 싶겠어? 하지만 그녀의 행복을 위해서 면회를 거절한 거지. 윤 씨는 만나주지 않는 고금석을 계속 찾아갔어. 나오지 않는 고금석을 기다리다가 돌아서기를 반복했지. 고금석의 사형이 집행된 그날에도 윤 씨는 서울구치소를 찾아가 면회를 신청했대. 그런데 교도관의 반응이 평소와 다른 거야. 그녀의 눈치를 살피며 머뭇거리다가 대답하더래.

고금석은… 오늘 아침 사형집행이 끝났습니다.

윤 씨는 그 자리에 주저앉아 펑펑 울었고 주위의 교도관들도 남몰래 눈시울을 훔쳤대. 윤 씨의 행복을 위해 보고 싶은 마음도 억누르고 한 번도 사랑한다고 말하지 못했던 고금석은 윤 씨를 향한 진심을 시로 남겼어.

창가에 비추인 달을 보니 임 생각이 절로 나네.

이 벽만 넘으면 그리운 임의 손을 잡을 수 있건만

벽 하나 사이가 십만 팔순같이 멀리 느껴져 슬픔뿐이네.

안과 밖이 둘이 아니라면

임의 손을 꼬-옥 잡고

저 밝은 달을 길잡이 삼아

산 넘고 물 건너

그리운 고향 가서

돌담 초가집 문어놓고

서로 눈물을 훔쳐주며

한 세상을 행복하게 살아보세.

- 고금석, 〈임을 그리워하는 노래〉

서진룸살롱 살인 사건

키다리 아저씨가 남긴 것

그가 세상을 떠나고 나서 일주일 후, 산골 분교 아이들이 바다로 놀러 왔어. 신나게 물장구도 치고 자장면도 맛있게 먹고 즐거운 시간을 보냈지. 그 자리에는 윤 씨도 함께 있었어. 산골 아이들의 바다 여행을 사진으로나마 보고 싶어 했던 고금석의 마음을 알기에, 윤 씨는 슬픔을 억누른 채 웃는 얼굴로 아이들을 돌봤대. 여행을 마친 아이들은 삼중스님에게 감사하다고 인사를 전했어. 그때 스님은 이렇게 얘기했대.

이번 바다 잔치는 내가 해준 게 아니에요. 한 아저씨가 너희들에게 베풀어준 잔치란다.
근데 그 아저씨는 여기 올 수가 없었어. 그 아저씨 이름은 고금석이란다.

스님은 그동안 밝히지 못했던 사실을 이야기해주셨대. 그러고는 눈물이 차올라서 아이들 가는 것도 못 보셨다고 해. 학교로 돌아간 아이들은 스님에게 편지를 보내며 키다리 아저씨에 대한 감사의 마음을 전했다고 해.

삼중스님과 함께 난생 처음으로 바다를 찾은 용소분교 아이들의 모습.

용소분교 아이들을 돌보는 고금석의 소꿉친구 윤 씨.

고금석의 마지막 영치금으로 지은 용소분교의 야외교실, 금송정.

그리고 얼마 후, 강원도 정선 용소분교에는 야외교실이 지어졌어. 고금석의 남은 영치금으로 지은 거야. 그 야외교실의 이름은 '금송정'이라고 해. '금송'은 사형수 고금석의 법명이었어. 30년이 지난 지금, 학생 수가 줄어들어 오래전에 폐교가 되어버린 용소분교에는 아직도 금송정이 남아 있어. 무성한 넝쿨로 덮여 있어 찾아오는 사람도 없는 이 야외교실에는 키다리 아저씨라고 불렸던 한 사형수의 이야기가 남아 있어.

앞에서 이야기를 시작하면서 그랬지? 피가 튀는 잔혹한 누아르면서 슬픈 사랑 이야기, 치열한 전쟁 이야기면서 우리가 생각해볼 만한 철학적인 질문을 남겨주는 그런 이야기라고… 사형수 고금석, 그가 저지른 범죄는 결코 용서받을 수 없고 절대 옹호해서도 안 돼. 이 이야기를 하는 이유는 다시는 이런 일이 일어나지 않도록 하기 위해선 어떻게 이런 일이 일어난 것인지 생각해볼 필요가 있지 않을까 해서야.

우리는 끔찍한 사건 뒤에 숨겨진 한 남자의 여러 가지 모습을 같이 들여다봤어. 다리가 불편한 어머니를 늘 걱정했던 섬 소년, 발목에 숨겨진 칼을 꺼내 휘두르던 조직폭력배 그리고 순수한 산골 아이들의 소원을 들어주고 싶었던 키다리 아저씨. 과연 무엇이 그의 진짜 모습일까? 과연 착한 사람이 악한 짓을 저지른 걸까? 아니면

꼬리에 꼬리를 무는 그날 이야기

악한 사람이 착한 일을 한 걸까? 여기에 대한 답을 내는 건 우리 각자의 몫으로 남겨둘게.

　　내가 제일 사랑했던 놈이에요.

삼중스님은 사형수 고금석을 자기가 '제일 사랑했던 사람'이라고 했다. 이해가 되지 않았다. 사람을 잔혹하게 죽인 범죄자를 왜, 어떻게 사랑한다는 거지? 다시 생각해봐도 도무지 이해할 수가 없었다.

인터뷰 당일, 건강 악화로 거동조차 불편하신 스님은 앉은 자리에서 4시간 가까이 물도 한 모금 마시지 않고, 화장실도 다녀오지 않고 고금석에 대한 이야기를 풀어냈다.

　　그는 흉악한 범죄자예요. 그리고 죄에 대한 대가는 반드시 치러야 합니다. 하지만 인간이 자신의 죄를 진실로 참회하기는 쉽지 않아요.

스님은 사람의 마지막 모습을 보면 그 사람이 어떤 사람인지 알 수 있다고 했다. 수십 년간 사형수들의 마지막을 함께하면서 보았던, 죽기 직전 사람의 모습을 묘사해주었다. 극한의 공포로 이성을 잃고 거품을 물고 발작을 일으키는 경우가 다반사라고 한다.

사형장에서 고금석 씨는 울부짖는 스님의 눈물을 닦아주고 사형을 집행하는 교도관에게 마지막까지 번거롭게 해서 미안하다는 말을 남겼다고 한다. 스님은 그 순간을 잊을 수 없다고 했다. 참혹한 범죄를 저지른 살인범이지만, 마지막은 완전 다른 사람이었다고 말한다. 긴 시간 스님의 이야기를 듣고 나니, 마음이 복잡했다. 물론 사형장에서의 그의 마지막 모습이 진짜 그의 모습이 아니었을 수도 있다. 그렇다면 그는 과연 어떤 사람이었을까?

방송 후 범죄자 미화라는 논란과 항의도 있었다. 맞다. 그는 끔찍한 살인을 저지른 범죄자다. 어떠한 이유라도 살인은 결코 정당화될 수 없다. 하지만 그의 삶을 들여다보면서 이런 생각이 들었다. 누구나 마음속에 선과 악이 존재할 것이고 나 또한 내 안에 있는 여러 가지 나의 모습을 마주할 때가 있지 않은가. 그중 무엇이 나의 진짜 모습이라고 할 수 있을까. 그리고 스스로에게 반문해본다.

나의 마지막은 과연 어떤 모습일까?

유전무죄 무전유죄!

탈옥수 지강헌 인질극 사건

돈 없고 권력 없이는 못 사는 게 이 사회다.

대한민국의 비리를 밝히겠다. 돈이 있으면 판검사도

살 수 있다. 유전무죄 무전유죄, 우리 법이 이렇다.

— 탈옥수 지강헌

사상 초유의 인질극 생중계

오늘 들려줄 이야기는 1988년에 일어난 이야기야. 88 올림픽의 여운이 채 가시지 않은 1988년 10월 16일 일요일. 나른한 휴일 아침, TV를 튼 사람들은 자기 눈을 의심했어. 권총을 든 남자와 겁에 질린 여자…. 남자가 총을 쐈고 여자는 다급하게 비명을 질렀어. 여자의 옷에는 피가 묻어 있었지. 서울시 북가좌동 주택가 한복판에서 실제로 일어난 인질극이 TV로 생중계되고 있었던 거야. 인질범 네 명이 이 집에 사는 가족 여섯 명을 인질로 잡고 "경찰이 진입하면 인질들을 살해하겠다"라면서 경찰과 대치하고 있었어.

그런데 인질범들의 행동이 특이했어. 인질의 목에 칼을 들이대고 가메라 앞에서 인터뷰하듯 자신의 불만을 쏟아내는가 하면, 경찰이 주범으로 지목한 선글라스를 쓴 남자는 경찰에게 이런 요구사항을 외치기도 했어.

비지스^{Bee Gees}의 〈홀리데이^{Holiday}〉!

이게 무슨 소리였을까? 팝송 카세트테이프를 넣어달라는 거야! 이 사람들 대체 뭘까? 이 집에는 어쩌다 오게 된 걸까? 총은 어디에 서 난 걸까?

인질극이 벌어지기 8일 전인 1988년 10월 8일 토요일, 버스 한 대가 중부고속도로를 달리고 있었어. 영등포교도소에서 대전교도 소와 공주교도소로 재소자들을 이감하기 위해 재소자 25명을 태

1988년 10월 16일, 서울시 북가좌동에서 일어난 인질극 현장.

우고 가던 호송버스였지. 안성 부근에 이르렀을 때 재소자 한 명이 "교도관님, 소변이 마렵습니다"라고 말했어. 그런데 교도관이 소변통을 가지러 가는 순간, "일어나라!"라는 고함과 함께 재소자들이 일제히 교도관들을 향해 달려들었던 거야. 난투극이 벌어졌고, 재소자들은 열 명이나 되는 교도관들을 단숨에 제압하고 권총과 실탄 다섯 발을 빼앗았어.

재소자들은 수갑과 포승을 이미 푼 상태였고 손에는 흉기까지 들고 있었어. 이감하는 날을 디데이로 잡고 일주일 전부터 탈주를 모의한 거야. 운동장 철제 칸막이 철사를 끊어서 수갑 열쇠를, 의자 받침대 쇠를 잘라 콘크리트 바닥에 갈아서 흉기를 만들었어. 그리고는 열쇠는 팬티에, 흉기는 양말 속에 숨겼다고 해. 당시 교도관들은 24시간 격일제 근무에, 초과근무를 제외하고도 주당 84시간 근무라는 살인적인 근무환경에 처해 있었어. 그래서인지 몸수색을 철저히 하지 못했다는 거야.

재소자들은 교도관들의 옷을 벗겨서 자신들이 입고, 교도관들에겐 재소자 옷을 입힌 후 수갑을 채웠어. 몸싸움을 벌이느라 호송차가 서 있는 사이 도로에 차가 밀렸는데, 두 명이 내려 교도관인 척 교통정리까지 했다는 거야. 그리고는 버스를 다시 돌려 서울로 향했어. 처음엔 현장에서 바로 탈주할까 생각했지만, 시골이라 탈주로가 여의치 않다고 판단한 거지. 서울로 오는 동안 정상적인 호송 업무를 수행하는 척 비상등을 켜고 사이렌도 울렸대. 거기다 중간에 검문을 받았지만, "죄수 호송 중에 길을 잘못 들었다"라며 연기해서 경찰이 호위까지 해줬다는 거야. 서울 서초동에 도착한 후, '안전한 감금'을 택한 열세 명은 남고 열두 명은 사복으로 갈아입고 자신들의 인적사항과 범죄 내용이 기록된 재소자 신분 카드를 모두 찢어버린 후 도주했어. 그럼 이 열두 명은 어디로 사라졌을까?

8박 9일간의 '인질 숙박'

우리 집에 탈주범이 들어와 식구들을 인질로 잡고 있어요!

10월 16일 새벽 4시, 북가좌동 한 파출소에 50대 남자가 들어와 숨을 몰아쉬면서 이렇게 외쳤어. 탈주 당일로부터 8일 후, 탈주범 열두 명 중에 네 명이 북가좌동의 가정집에 나타난 거야. 그의 말에 의하면 전날 밤, 아내와 오남매, 이렇게 일곱 식구가 사는 집에 탈주범들이 침입했어. 그는 탈주범들이 잠든 틈을 타 혼자 몰래 빠져나온 거였지. 순식간에 무장 경찰이 집을 완전히 포위했어. 집에 침입한 탈주범은 지강헌(당시 35세), 안○○(당시 22세), 한○○(당시 20세), 강○○(당시 21세), 이렇게 네 명이었는데, 모두 10년 이상의 장기징역형을 받았고, 경찰의 말에 의하면 강력범들이었지.

탈주범들이, 아니 인질극을 벌이기 시작했으니 이제 인질범이라고 불러야겠지. 새벽 4시 40분, 가족 중 한 명이 사라진 걸 인질범들이 눈치챘을 땐 이미 경찰이 집을 완전히 에워싸고 있었어. 지강헌이 집 밖을 향해 권총 두 발을 발사했지. 인질범들은 "경찰이 밀고 들어오면 인질을 해치겠다"라고 위협했어. 인질극 현장엔 무려 1,000명 이상의 경찰과 대테러특공대까지 출동했어. 언론사 기자들과 취재 장비들, 구경 나온 동네 주민 200여 명까지 한데 모여 좁은 주택가 골목을 가득 메웠어. 그런데 이 인질범들은 8박 9일 동안 대체 어디에서 무엇을 했던 걸까?

탈주 당일인 10월 8일로 돌아가보자. 백주대낮에 죄수가 열두 명이나, 그것도 실탄이 든 권총을 들고 탈주한 거잖아. 당연히 전국에 비상이 걸렸겠지. 탈주범 한 명당 200만 원이라는 현상금도 걸렸어. 2020년 기준으로는 600만 원에 해당하는 큰돈이야.* 이 열두 명 중 다섯 명은 일찌감치 검거됐어. 두 명은 탈주 당일 검거됐

---

* 통계청 제공 소비자물가지수 기준 화폐가치 계산.

고, 나머지 세 명은 다음 날 검거됐어. 그들은 한남동의 룸살롱에서 새벽까지 맥주와 양주를 섞어 마시다가 술집 주인이 계산서를 내밀자 "우리 탈주범이야"라고 말하며 칼을 들이댔다고 해. 주인은 몰래 경찰에 신고했고 탈주범 한 명당 200만 원씩, 총 600만 원의 포상금을 받았어. 경찰들은 아마, 남은 일곱 명의 검거도 시간 문제라고 생각했을 거야. 일곱 명이 떼로 몰려다니면 금방 눈에 띌 테니까. 그런데 어찌된 일인지 행방이 묘연했어. 그러더니 다음 날인 10월 10일에 경찰에 전화가 걸려왔어.

탈주범들이 어젯밤에 우리 집에서 묵고 갔어요.

첫 번째 안암동 집

10월 9일 일요일 오전 2시 30분 ~
10월 10일 월요일 오전 6시 30분, 28시간

신고 전화를 한 집은 안암동의 한 단독주택이었어. 새벽 2시경 탈주범들은 열려 있던 대문을 통해 들어갔다고 해. 대문을 열고 살다니, 요즘 같으면 상상도 못 할 일이지. 이 집에는 약국을 경영하는 남편과 아내, 딸, 아들, 처조카, 약국 종업원까지 여섯 명이 살고 있었어. 탈주범들은 목에 권총과 과도를 들이대더니 이렇게 말했다고 해.

TV 봤어? 우린 TV에 나온 탈주범이다.

그들은 가족들을 안방에 몰아넣고 넥타이로 묶고 권총 방아쇠를 조작해 실탄을 바닥에 떨어뜨려 보이면서 "우리는 막가는 인생이다. 서툰 짓 하면 죽여버리겠다"라며 협박했어. 날이 밝자 부인의 손을 풀어주면서 흰죽을 쑤어보라고 하더니 죽을 먹었어. 그렇게 28시간을 머무른 후에 식구들을 묶어놓고 아침 일찍 집을 빠져나갔대.

탈주범들이 가정집에 침입해 하룻밤을 보냈다는 사실에 서울이 발칵 뒤집혔어. 또 다른 집에 숨어든 거 아니야? 그럼 어떻게 찾지? 그래서 다음 날 서울 전역에서 일제히 임시 반상회*가 열렸어. 반상회에 참석하지 않은 집은 탈주범에게 붙잡혀 있을 수도 있으니 통반장이 직접 찾아가서 확인하라는 지침도 내려왔어. 과거에는 이렇게 수배범을 검거하기 위해 임시 반상회가 열리기도 했거든. 그런데 행

---

*　행정단위의 최하위 조직인 반을 구성하는 가구 대표자의 모임. 현대에는 주민들 간의 친목의 성격이 강하지만, 통신수단이 열악하고 정보화가 이루어지지 않은 근대에는 지방자치나 행정과 관련된 정보 공유의 성격이 강했다.

탈옥수 지강헌 인질극 사건

당동의 어느 동네는 마침 반장이 지방에 출장 가는 바람에 반상회가 열리지 못했어. 그리고 하필이면 그곳에 탈주범이 나타났던 거야.

두 번째 행당동 집
10월 11일 화요일 오전 5시 ~
10월 12일 수요일 오전 6시 20분, 약 25시간

그런데 왜 탈주범들은 가정집에 들어간 걸까? 죄수가 탈출하면 일반적으로 경찰이 제일 먼저 수색하는 곳은 유흥업소, 숙박업소, 터미널 등이야. 먼저 한남동에서 검거된 세 명이 룸살롱에서 검거됐다는 거 기억나지? 경찰의 수색을 피하고 도피자금을 마련할 수 있는 곳이 가정집이라고 판단했던 거야. 탈주범들은 "도피자금 마련을 위해 들어왔다. 돈 있는 대로 내놔라"라고 말한 뒤 집 안을 샅샅이 뒤졌는데, 안암동 집에서는 3만 2,000원밖에 나오지 않았어.

다음으로 들어간 곳은 다세대주택이었는데, 이 집도 또 대문을 안 잠갔다고 해. 이 집에서도 돈을 내놓으라고 했지만 현금은 4만 원밖에 없었어. 그러자 "통장 가져와봐라" 해서 줬는데, 열어보더니 웃으며 통장을 집어던졌대. 열어봤더니 잔고가 0원이었다는 거야. 이 집에서도 하룻밤을 머물렀는데, 이 집에서 내놓은 메뉴는 불고

기였어. 탈주범들은 안암동 집보다 맛있다면서 밥 한 그릇씩 싹싹 비웠다고 해. 두 번째 집이라 그런지 탈주범들은 한층 여유로운 모습을 보였어. 삼시세끼 시간 맞춰 챙겨 먹고 돌아가며 머리도 감고 면도도 하고 휴식을 취했대. 심지어는 TV 뉴스에 나온 수배 사진을 보며 "네 얼굴이 실물보다 잘 나왔다"라며 농담까지 주고받았다는 거야. 그리고 역시 다음 날 새벽에 나갔어.

> 경찰이 전혀 예상할 수 없었던 〈인질 숙박극〉이 계속되고 있다. 미결수 집단 탈주 사건은 경찰의 비상경계망이 내려진 상태에서도 범인들이 자유자재로 서울 시내를 오가는 데다… 시민들을 공포에 떨게 하고 있으나… 경찰로서도 전혀 경험한 적이 없는 〈신종수법〉으로서 대응책이 전무한 상태다.
>
> ─《경향신문》1988년 10월 15일 자

> 서울시민들은 평소의 생활 패턴을 잃어버리고 초가을 대목을 노리던 유흥가 도매상도 적지 않은 타격을 입고 덩달아 택시운전사들도 사납금을 채우지 못해 애를 먹었다.
>
> ─《조선일보》1988년 10월 18일 자

사람을 해치지 않아서 다행이긴 하지만 가정집에 들어가 일박을 한 후에 아침까지 먹고 나가는 패턴이 계속되니 경찰은 당황스러울 수밖에 없었지. TV 뉴스에서는 연일 탈주범 소식이 이어졌고. 유흥가에는 초저녁부터 사람들의 발길이 끊겼어. 각 학교에서는 매일 아침 조회시간을 통해 무단결석한 학생이 있는지 파악해서 결석한 학생은 가정방문을 하는 등, 탈주범 검거를 위해서 대대적인 시민운동을 벌였지.

한편으론 흉악범이라던 그들이 사람을 해치지 않고 이 집 저 집 인질 숙박을 벌이면서 탈주범에 대해 호기심을 갖는 기현상도 생겼어. 기자들은 탈주범이 이번엔 어느 집에 들러 뭘 먹고 마셨다더라… 하는 행적을 상세히 취재해서 친절하게 보도했지. 그러다 보니 사람들이 "탈주범이 우리 집에는 언제 오려나?" 하는 농담도 했다고 해.

세 번째 문정동 집

10월 12일 수요일 오후 1시 ~

10월 14일 금요일 오후 5시, 약 52시간

자, 이걸로 벌써 세 번째야. 이번에는 한밤중에 집에 침입한 게 아니었어. 한낮의 대학병원 주차장이었지. 한 제약회사 영업사원이

병원에 약을 납품하고 나와 승용차에 타려던 순간, 젊은 남자들이 다가오더니 칼을 들이댔어. '아, 이 친구들이구나. TV에 나온 탈주범이…' 하고 직감했는데, 그 순간 탈주범 여섯 명이 순식간에 그를 뒷 좌석에 몰아넣고 양쪽에 한 명씩 앉아 칼을 들이대더래.

아저씨 집 어디요?

　　　그건 왜 물어보는 거요?

아저씨 집으로 갑시다.

순간 가족들의 얼굴이 떠올랐다고 해. 며칠간 집이 비어 있었는 데, 하필이면 그날 지방의 친정집에 갔던 아내가 여섯 살, 네 살 먹은 어린 남매를 데리고 올라오고 있었거든. 막 서울역으로 태우러 가려던 참이었는데… 탈주범 여섯 명을 데리고 집에 들어갈 상상만 해도 아찔했지. 그래서 필요한 건 다 줄테니, 차도 가져가고 그 대신에 집에만은 가지 말자고 사정했어. 그랬더니 분위기가 단번에 험악 해졌지. 그래서 할 수 없이 탈주범과 협상을 했어.

그러면 2박 3일만 있다가 나가주시오.

이렇게 탈주범들과 2박 3일간의 가슴 졸이는 '계약 동거'가 시작된 거야! 탈주범들을 태우고 집으로 갔는데, 저녁이 되자 초인종이 울렸어. 서울역에서 남편을 기다리다 지친 아내가 씩씩거리며 집으로 온 거야. 얼마나 놀랐을지 짐작이 가? 남편은 아내와 아이들을 안방으로 얼른 몰아넣고 혼자서 탈주범을 상대하면서 수차례 기회를 엿봤어. '경계가 느슨해지면 가족들 데리고 몰래 빠져나가야겠다. 내가 맨 마지막에 나가면서 현관 문고리를 꼭 잡고 버티고, 그 사이에 애들과 아내가 도망치면 되지 않을까?' 그런데 집이 아파트 4층이었어. 옛날 아파트에는 승강기가 없는 거 알지? 어린 애들 데리고 힘껏 뛰어도 몇 층 못 내려가 잡힐 것 같은 거야. 이 방법은 안 되겠다 싶어 포기했어. 고민 끝에 제약회사 직원다운 묘수를 생각했지.

내가 제약회사에 있다 보니까 우리 회사에서 나오는 수면제가 있었다고, 수면제. 그래서 이제 수면제를 내와가지고 물에 딱 넣어봤다고. 이게 이제 분해가 된다고, 이렇게. 근데 10분쯤 지나면 으스러지는데 손가락 넣어가지고 맛을 봤다고. 아주 써. 이걸로는 안 되겠다….

- 문정동 집 인질의 인터뷰 중

드라마와 현실이 이렇게나 다른 거지. 그렇게 포기하고 있는데 탈주범 한 명이 다가오더니 이렇게 말하더래.

이거 좀 맡기고 돈을 마련합시다.

글쎄, 어디 뒀는지 자기도 까맣게 잊고 있던 결혼반지를 탈주범이 들고 온 거야. 그래서 그는 지강헌과 함께 집을 나와 전당포에 가게 됐어. 집 밖으로 나갔으니 다른 사람들에게 신호를 보내면 되는 거 아니었을까? 물론 그러고 싶었지만 그럴 수가 없었어. 지강헌이 네 살짜리 아들을 안고 있었거든. 전당포에 결혼반지를 저당 잡히고 30만 원을 받아서 쇼핑센터로 갔어. 거기서 마치 아이를 안고 쇼핑하는 아빠와 삼촌처럼 옷을 구입했다고 해.

그동안 탈주범들이 경찰의 검문검색에 걸리지 않은 이유 중 하나가 옷이 말끔했기 때문이야. 그들은 양복이나 단정한 점퍼를 주로 입었고, 가정집에 들어가면 옷이 구겨지지 않도록 입고 온 옷은 걸어놓고 집주인의 실내복으로 갈아입었어. 매일 뉴스에 인상착의가 뜨니까 같은 옷을 연이어 입지 않았고 집주인의 옷을 훔쳐 믹스매치 하기도 했다고 해.

쇼핑을 마치고 집에 온 탈주범들은 옷기장을 줄이고 다림질도

했어. 새 옷을 입어보고 서로 스타일을 점검해주며 "나 어때? 어울려?", "이 옷에는 머리는 이렇게 하면 되겠다"라며 웃는 그들은 길에서 흔히 볼 수 있는 천진난만한 젊은이들처럼 보였다는 거야.

문정동 인질은 인질로 잡혀 있는 상황이지만 멀뚱멀뚱 있기도 뭐해서 저녁에는 탈주범들과 술도 한 잔씩 했대. 그날 마신 술이 바로 '캡틴큐^{captainQ}야. 1980년 출시된 최초의 국산 럼*이지. 당시 700ml 한 병에 3,000원이라는, 양주치고 저렴한 가격 덕분에 출시된 첫해에 1,000만 병 판매를 기록했어. 서울시민 한 명당 한 병씩은 마신 셈이지. 말 그대로 국민 양주였어. 당시 신문기사를 보면 탈주범들은 가는 집마다 이 술을 마셨던 모양이야.

지금도 인터넷에 떠도는 캡틴큐 시음 후기가 재미있어. 가령 마시고 난 다음 날 숙취가 없대. 왜일 것 같아? 마시고 다다음 날 일어나니까. 그 외에도 '다른 양주는 샐러리맨 봉급의 절반이 날아가지 캡틴큐는 기억력의 절반만 가져간다', '손가락을 안주 삼아 씹어 먹게 된다'라는 둥, 무시무시한 후기도 있어. 2000년대 들어서 유흥업소에서 가짜 양주를 만드는 데 사용된 사례가 적발되면서 캡틴큐의 이미지도 추락했고 2015년 말 35년 만에 단종됐어. 주당들이 재

---

*   사탕수수를 이용해서 설탕을 만들고 남은 찌꺼기인 당밀이나 사탕수수 즙을 발효시켜 만든 증류주.

출시를 소망하는 '추억의 술' 중 하나라고 해. 그 시절 인질범과 인질이 어울려 캪틴큐를 마시면서 술기운도 오르고 살아온 얘기를 나누게 됐어. 어려운 가정에서 자라 가출을 일삼다 나쁜 길로 들어선 이야기, 출소 후 이발소에 취직했는데 전과자라는 사실이 드러나서 쫓겨난 이야기 등등….

그들은 왜 탈주해야 했을까

네 명의 탈주범 중 가장 나이가 많은 지강헌도 인질극 현장에서 자신의 지난 삶에 대해 말을 쏟아냈어.

내가 살아오면서 죄도 저질렀지만 보이지 않는 베푼 모습도 있었습니다.

그는 기자들에게 '행복한 거지가 되고 싶었던 낭만적인 염세주의자'라고 써달라고 부탁하기도 했다고 해. 그의 생애에 대해서는 정확히 알려진 바가 없어. 가난한 집에서 태어나 초등학교만 졸업하고 거리로 나서 도둑질로 생계를 유지하다 경찰에 붙잡혀 처벌을 받았고, 변변한 직업 한 번 가져본 적 없었다는 것 정도야. 그렇지만 그는 어린 시절부터 막연히 시인이 되고 싶었대. 그래서 교도소에 있을 때도 책을 많이 읽었고, 시상이 떠오를 때면 습작을 하기도 했다는 거야.* 스스로를 '낭만적인 염세주의자'라고 말한 그가 왜 탈주를 감행하게 됐을까? 탈주해서 대체 뭘 하고 싶었던 걸까?

"대한민국의 비리는 파헤치고 죽겠다."

- 《경향신문》 10월 17일 자

"연희궁으로 가려다 경비가 심해 그만뒀다."

- 《중앙일보》 1988년 10월 17일 자

'연희궁'이라면 연희동? 지금 이 말을 들으면 사람마다 떠오르는 건 다를 수 있겠지만, 이때는 그렇지 않았어. 바로 전두환 전 대통령의 연희동 자택이야. 사실 지금도 많은 사람이 '연희동'이라고 하면 그 사람을 떠올리지. 근현대사의 굵직굵직한 사건에 연루되면서 역사에 많은 흔적을 남긴 곳이거든. 그런데 일개 탈주범이 대체

* 〈[표창원의 사건추적], "유전무죄, 무전유죄" 탈주범의 절규〉, 《시사저널》, 2012

전직 대통령에게 무슨 볼일이 있었던 걸까?

　지강헌은 1988년 3월 '공범 두 명과 일곱 차례에 걸쳐 승용차, 현금 등 모두 556만 7,000원어치를 강탈'한 혐의로 검거됐어. 그에게 선고된 형량은 징역 7년에 '보호 감호'* 10년, 도합 17년이었지. 그는 '이대로 있으면 인생 끝난다'라고 생각해 탈주했다고 해.

　당시에는 상습 범죄자가 다시 죄를 저지른 경우 7년이나 10년 더 사회와 격리시키는 '보호 감호' 제도가 있었어. 지강헌은 초범이 아니었기 때문에 보호 감호 처분을 받아야 했지. 실제로 이 제도가 시행되던 때에는 자전거 한 대를 훔치고 9년, 1만 4,000원을 훔치고 12년간 사회와 격리되는 일도 있었어. 과잉처벌, 이중처벌이라는 비판이 끊이질 않았지. 지강헌도 마찬가지로 억울한 마음이 들 수 있었겠지. 실제 징역에 대한 형량은 7년인데, 그 이후에 본형보다 더 긴 10년을 갇혀 지내야 하는 거잖아.

　그런데 이 보호 감호 제도랑 연희궁이 대체 무슨 상관이 있는 걸까? 이 제도가 바로 전두환 정권 당시 제정된 거야. 보호 감호 제도가 만들어진 명분은 '범죄로부터 선량한 국민을 보호한다'라는

---

* 　1980년 범죄로부터 선량한 국민을 보호한다는 명목으로 제정된 '사회보호법'에 의거해, 재범의 위험이 있다고 판단되는 자에 대해서는 징역형과 별도로 7년 혹은 10년의 보호 감호 처분을 내릴 수 있었다. 2005년에 폐지되었다.

거였는데, 이렇게 범죄에 단호했던 대통령의 친동생은 그렇지 못했어. 정작 형 전두환이 대통령이 되자, 동생인 전경환이 새마을운동 중앙본부 사무총장, 회장을 거치며 거액의 공금을 횡령했던 거야. 그가 횡령한 돈은 무려 76억 원이었어.

전경환은 지강헌과 같은 달 구속됐는데, 그가 검찰에 출두하는 날 서울 서소문 대검청사에는 검찰청 개청 이래 가장 많은 취재진이 몰려들었어. 그런데 드디어 포토라인에 들어서는 전경환을 향해 카메라 플래시가 터지던 그 순간, 누군가 전 씨의 뺨을 후려갈긴 거야! 그 사람은 회사원인데 출근길 버스 안에서 전 씨가 소환된다는

한 시민이 검찰에 출두하는 전경환의 뺨을 때리고 있다. 사진 한국일보.

꼬리에 꼬리를 무는 그날 이야기

뉴스를 듣고 화가 나서 달려왔다고 밝혔대.

그런데 1988년 9월, 재판부는 76억 원을 횡령한 전씨에게 징역 7년형을 선고했어. 76억에 7년, 560만 원에 17년…. 심지어 선고받은 7년을 다 채우지도 않고 1991년 6월 가석방됐어. 지강헌은 "돈 없고 권력 없이는 못 사는 게 이 사회다. 전경환의 형량이 나보다 적은 것은 말도 안 된다"라고 했대. 그래서 그 유명한 말이 나온 거지. 유전무죄 무전유죄有錢無罪 無錢有罪!

돈 없다고 사람 취급 못 받는 세상, 돈으로 판사도 검사도 살 수 있는 세상, 죄 있어도 돈 있으면 무죄, 죄 없어도 돈 없으면 유죄! 유전무죄 무전유죄 이게 우리 대한민국이야! 우리 대한민국의 ○같은 법이야!!

- 영화 〈홀리데이〉* 중

*   지강헌 사건을 기반으로 양윤호 감독이 제작한 2006년 작 영화. 당시 탈주범들이 틀어달라고 요청한 비지스의 노래에서 제목을 따왔다.

기나긴 인질극의 끝

네 번째 신촌 집

10월 14일 금요일 오후 8시 ~

10월 15일 토요일 오후 9시 10분, 약 25시간

자, 지강헌 일당이 신촌에서 경찰에 발각됐어! 그들은 정말 연희동으로 향하고 있던 걸까? 문정동 아파트에서 2박 3일간의 '계약 동거'를 마치고 나온 탈주범 여섯 명은 승용차를 타고 신촌으로 향했어. 그런데 마침 순찰 중이던 경찰이 수배 차량임을 알아채고 추격했고, 탈주범들은 차를 버린 채 달아나다 붙잡혔어. 한 명은 경찰에 붙잡히고 한 명은 도주 도중 헤어지고, 나머지 넷은 신촌의 붐비는 인파 속으로 도망쳤지.

바리케이드가 겹겹이 쳐지고 M-16 소총으로 무장한 전경대원까지 동원돼 수색작업을 벌이는 등, 이때 신촌은 비상계엄 상황을 방불케 했어. 경찰은 이제 탈주범들이 독 안에 든 쥐나 다름없다고 생각하면서도, 이들이 자포자기해서 살상극을 저지르지나 않을까 불안해했지. 바로 그때였어. 당시 스물두 살의 대학생이었던 그녀가 탈주범들을 만난 건.

신촌에서 나타났고 나머지 사람들은 도주 중이다, 이렇게 자막이 TV에 흘러가고 있었어요. 그걸 보면서 조심해야 되겠구나. 우리 동네니까. 그러고 있는데 들어왔어요. 갑자기 집으로. 우두두 소리가 나서 봤더니 방에 들어와 있는 거예요.

- 신촌 집 인질의 인터뷰 중

신촌에서 경찰에게 쫓기다가 그대로 이 집으로 들이닥친 거야. 신발을 신은 채로 방 안까지 들이닥친 탈주범들은 지치고 불안해 보였어. 대학생 한 명과 나이 많은 부모님이 함께 사는 집이었지. 특히 일흔 살 먹은 아버지는 노환을 앓고 계셨어. 그런데 이분이 탈주범들을 보자마자 건넨 말이 뭐였는지 알아?

밥은 먹었냐? 엄마한테 "빨리 밥부터 차려라" 그러셨어요. 저희 어머니가 사시나무 떨듯이 가서 찌개를 끓여서 밥을 차려줬더니 너무 맛있게 먹더라고요. (…) 그러면서 조금 마음이 풀렸던 것 같아요, 그 사람들이. 아버지가 "신발 좀 벗어라, 사람 사는 데인데" 그러셨어요. 그랬더니 신발을 또 다 벗더라고요.

- 신촌 집 인질의 인터뷰 중

저녁을 먹은 후 조금은 안정이 된 탈주범들이 그녀에게 농담처럼 물었대.

> (안 씨와 한 씨) 두 분이 저한테 물어보더라고요. "아가씨, 어떻게 죽는 게 제일 멋있어 보이냐"라고. 제가 놀래가지고 무슨 소리냐고 했더니 "높은 옥상에서 떨어져 죽는 게 멋있어요? 총에 맞아 죽는 게 멋있어요?" 물어보길래 그런 얘기 하지 마시라고.
>
> - 신촌 집 인질의 인터뷰 중

탈주범들이 있는 집에서 불안한 밤을 보낸 그녀는 성경책을 챙겨 지강헌이 있던 방으로 향했어. 그녀는 독실한 기독교 신자였는데, '어쩌면 탈주범들의 마음을 움직여 순순히 내보낼 수 있지 않을까' 하는 순진한 생각을 했던 거야. 지강헌에게 다가가 성경의 이런저런 구절을 시간을 들여 읽어줬다고 해. 처음엔 귀담아듣지 않던 그가 말을 걸어왔어.

> 굉장히 긴 시간 동안 그러고 났더니 지강헌 씨가 자기를 위해서 기도를 해줄 수 있겠냐고 그러더라구요. 그래서 "뭐라

고 기도를 해드릴까요?". "내가 마지막 순간에 예수님 마음
처럼 되게 해달라"라고 그러더라고요. 그래서 무릎을 꿇고
앉아서 둘이 같이 기도를 했어요. 기도를 하니까 엄청나게
울더라고요. 콧물이 막 땅에 떨어질 정도로 울고… 그래서
저도 울고 그분도 울고….

- 신촌 집 인질의 인터뷰 중

마지막 순간에 예수님 마음처럼 되게 해달라는 건 무슨 뜻이었
을까? 탈주범 지강헌은 왜 눈물을 흘린 걸까?

다섯 번째, 북가좌동 집
10월 15일 토요일 오후 9시 40분 ~
10월 16일 일요일 오후 12시 20분, 약 14시간

탈주범들은 북가좌동 집으로 이동했어. 그런데 새벽에 몰래 빠
져나간 그 집 아버지가 신고를 하는 바람에, 여기서 도망치지 못하
고 인질극을 벌여야 했지. 지강헌은 경찰들 앞에서 "인질을 해치겠
다!"라며 총을 들이대고 마당으로 거칠게 끌고 다니기도 했어. 그런
데 담 밖에서 보는 광경과 실제 현장의 모습은 전혀 달랐다고 해.

총을 겨누면서도 인질들에게 귓속말로 "미안하다, 정말 이럴 생각 아니었다. 절대 다치지 않게 할 테니 조금만 참아라"라는 말을 계속 했다는 거야.

지강헌이 집 안에서 창밖을 내다보며 경찰에게 요구사항을 말 했어. "승합차 한 대를 보내달라, 인질을 풀어주고 조용한 곳에 가서 운명을 결정짓겠다". 그러더니 인질범 중 한 명인 강 씨에게 차가 준 비됐는지 보고 오라며 내보냈어. 강 씨가 인질 중 한 명을 데리고 골 목까지 나갔다 와서 다시 들어가려는 순간 "네게 주는 마지막 선물

인질극을 벌이던 창가에서 흐느끼는 지강헌의 모습.

이다. 내 마음을 갖고 가라"라며 강 씨의 발치에 총알을 발사했어. 마지막을 예감한 그가 어린 강 씨를 살려 보내고 싶었던 걸까?

잠시 후 집 안에서 총성 두 발이 울렸어! 그러더니 이 집의 큰딸이 옷에 피가 묻은 채 비명을 지르며 창가에 나타났어. 뒤이어 드러난 지강헌의 옷과 손에도 피가 묻어 있고 넋이 나간 모습이었어.

두 명 다 자살했어. 남은 건 나 하나인데…

한 씨와 안 씨가 안방에서 스스로 목숨을 끊은 거야. 두 사람이 지강헌에게서 총을 빼앗아서 한 발씩 쏘아 자살한 거지. 체념한 듯 창가에 앉은 지강헌이 경찰에게 외쳤어.

비지스의 〈홀리데이〉!

카세트테이프를 가져다 달라는 거야. 경찰이 근처 레코드 가게에서 구해다 주자 그는 카세트에 테이프를 꽂고 음악을 재생했어. 그 소리가 담장 밖까지 울려 퍼졌지. 그는 천천히 머리에 총을 겨눴어. 실탄은 총 다섯 발이었는데 새벽에 두 발, 강 씨에게 한 발…, 안 씨와 한 씨가 자살하면서 두 발을 썼어. 그러니까 사실 지강헌이 들

총탄에 맞은 채 경찰에 의해 병원으로 후송되는 후 탈주범 지강헌.

고 있던 총은 총알이 없는 빈총이었던 거야.

　그때 담장 밖에서 총을 겨누고 있던 경찰특공대원에게 시경국
장이 신호를 보냈어. 특공대원들이 집 담을 뛰어넘어 검거 작전에
돌입했어. 문을 박차고 들이닥쳐 총을 발사했지. 새벽부터 시작된
인질극은 그렇게 끝이 났어. 집 안에는 온통 피가 낭자했고.

　인질들은 모두 무사했고 지강헌은 병원으로 옮겨졌어. 8박 9일
에 걸쳐 다섯 집의 식구를 인질로 삼아 '인질 숙박'을 하며 벌인 탈
주극이 막을 내렸어. 10월 16일 일요일, 그날의 인질극을 실은 신문
의 헤드라인은 '공포의 일요일', '광란, 공포의 휴일 아침'이었어.

탈주극, 그 후…

이후 병원으로 옮겨진 지강헌은 4시간 반 동안 살아 있었다고 해. 수십 명의 기자들과 카메라, 조명 때문에 응급실은 마치 드라마 세트장 같았대. 그의 의식이 점점 희미해지자 8박 9일간 탈주범을 쫓던 카메라도 조명도 기자들도 철수했고, 지강헌은 숨을 거뒀어.

다음 해인 1989년 5월, 미결수 집단 탈주 사건에 대한 선고 공판이 열렸어. 북가좌동 인질범 중 유일한 생존자인 강 씨가 피고석에 섰어. 그로부터 한 달 전인 1989년 4월, 검사는 "치밀한 모의 끝에 탈주를 감행해 서울 시내 전역을 돌아다니며 시민을 공포에 떨게 하는 등, 엄한 처벌을 받아 마땅하다"라며 징역 15년을 구형했는데, 이날 판결에서는 7년형이 선고되었어. 그런데 놀라운 점은 피해자인 인질들이 법정에 탄원서를 제출했다는 거야. 탈주범들이 인질 숙박을 한 다섯 집 중 세 집이 탄원서를 써주었고, 그중 한 명은 법정에 나와 유리한 증언을 해주기까지 했어.

평범하고 단란한 우리 가정에 그날 새벽은 잊을 수 없습니다. TV와 라디오를 통해 알고 있는 교도소 탈주자들이 들어왔기 때문입니다. 처음에는 모두 겁을 먹었지만 이들의 행동은 시간이 흐를수록 부드러워졌습니다. 그러므로 자연스럽게 식사도 커피도 먹고 마시게 되었습니다. 전국적으로 국민들을 놀라게 하고 사회적으로 혼란을 가져오게 한 이들 모두는 마땅히 죗값을 치러야 한다고 생각합니다. 허나 이들에게서 나쁜 범죄자의 냄새가 아닌 인간다운 눈빛을 읽었고 후회의 마음도 엿볼 수 있었습니다. 통풍이 안 되는 집 안에서 담배 연기와 알 수 없는 답답함으로 이들과 하룻밤을 보내고 다음 날 새벽을 맞이했습니다. 아침밥을 먹은 이들은 '잘 먹었습니다, 아주머니. 신세 많이 지고 갑니다'라는 말들을 남겼습니다. 맨 나중에 남은 지강헌과 강 씨는 우리 식구에게 자기들이 떠나면 곧 신고를 하라고 하였으며 아울러 고맙다는 말을 남기고 발길을 돌렸습니다. 이들이 가고 난 후 솔직히 우리 네 식구 모두 울었습니다. 무엇 때문에 흐르는 눈물이었는지 모르겠습니다. 정말 죄는 미웠지만 사람은 미워할 수가 없었습니다. 부디 이 탄원서를 읽으시고 다시 한 번의 기회를 주셔서 희망의 빛을 벗 삼아 세상의 좋은 등대지기가 되게 하시길 간절히 기원합니다.

- 인질의 탄원서 중

꼬리에 꼬리를 무는 그날 이야기

비록 그가 인질범이며 탈주범이기는 하나 저희 집에 들어와 한 행동을 보면 단 한 번의 폭언이나 폭행이 없었던 것으로 보아 분명 심성이 착한 이였음을 알 수 있습니다 (…) 오히려 불안에 떠는 저희를 진정시키며 (…) 정말로 미안하다는 말을 수시로 하였습니다 (…) 그가 지은 죄는 사회적으로 국민들에게 지탄을 받아 마땅하겠으나 저희 집에 들어와 취한 인간적인 면을 생각하여 정상 참작하여주시면 감사하겠습니다.

- 인질의 탄원서 중

인질들이 자신을 붙잡고 있던 인질범들에게 탄원서를 써준 이유는 뭘까? 인질이 인질범에게 동화되는 일종의 스톡홀름 증후군Stockholm syndrome* 때문이었을까, 아니면 리마 증후군Lima Syndrome** 때문이었을까? 어쩌면 이 집 저 집을 거치는 과정에서, 탈주범들이 가졌던 사회에 대한 원망과 독기가 조금씩 누그러진 게 아닐까? 마지막 북가좌동 가족의 불행을 막아준 건 어쩌면 앞서 들렀던 네 집의 주인

---

* 인질이 범인에게 동조하고 감화되는 비이성적인 심리 현상이다. 피해자가 가해자를 변호하는 현상이며, 인질이 아니더라도 일부 매 맞는 배우자나 가족의 일원, 학대받는 아이들도 이와 비슷한 심리 상태를 나타낸다고 한다.
** 스톡홀름 증후군과 반대로 인질범이 인질에게 동화되어 공격적인 태도가 완화되는 현상을 일컫는 심리학 용어.

들일지도 몰라. 자신의 안전을 위해서긴 했지만 탈주범들에게 따뜻한 밥을 차려주고 그들의 이야기를 들어주었잖아.

그럼 이 사람들, 인질 숙박의 집주인들은 왜 범죄자들의 하소연에 공감하고 탄원서까지 써준 걸까? 앞에서 탈주범들이 가정집에 침입한 목적이 도피자금 마련이었다고 했잖아. 탈주범들은 처음에는 부잣집에 침입해 도피자금을 마련하려고 했지만, 부잣집들은 하나같이 담이 높고 경비가 철저해 포기했대. 결과적으로 그들이 침입한 집은 하나같이 대문을 열어놓고 살던 서민 가정이었던 거야. 이 사람들이 당시 탈주범들의 사연에 공감하게 된 게 그저 우연의 일치일까? 혹은 이 비이성적인 심리현상인 스톡홀름 증후군이 인질 숙박의 대상이었던 다섯 집에서만 일어난 일이었을까? 이걸 판단하기에 앞서 당시의 시대 상황을 돌아봐야 해.

1988년에는 올림픽 특수와 3저(달러, 유가, 금리) 호황으로 부동산 가격이 치솟자 부동산 투기가 전국적으로 확산되었어. 그해 2월의 신문을 보면 서울 강남지역을 중심으로 아파트 가격이 크게 올라 1987년 연말보다 최고 80% 오른 곳도 있다는 기사도 있을 정도야. 통계에 의하면 강남 아파트는 1988~1991년까지 무려 310%나 가격이 뛰었어. 그 반면에 도시 곳곳에서 진행된 재개발과 아파트 건설 붐으로 저소득층 주민들은 서울 외곽이나 단독주택의 지하 셋

방, 옥탑방으로 옮겨 가야 했어.

한편 1988년은 국정감사, 5공 비리 특위 등을 통해 전두환 전 대통령의 측근과 친인척 등의 비리가 윤곽을 드러내면서 국민들의 경악과 분노, 허탈감이 커진 해이기도 했어. 정치 자금 마련을 위해 재벌들에게서 거액의 돈을 강제로 모금했다는 의혹을 조사한 '5공 비리 특위 일해재단 청문회'가 11월에 열렸거든. 여기에 장세동을 비롯한 전두환 정권 실세들과 현대그룹 창업자인 정주영 회장을 비롯한 재계의 거물들이 줄줄이 불려 왔어. 이때 TV에서 청문회가 생중계되었는데, 무려 시청률이 50%를 넘겼어! 그만큼 사람들이 여기에 이목을 기울이고 있었다는 거야.

전두환의 친인척이 잇따라 비리 혐의로 구속되면서 국민 여론이 극도로 악화됐고, 전두환은 11월 23일 대국민 사과문을 발표하고 강원도 백담사로 쫓겨 가듯 은둔했지. 사과문은 정치자금 139억 원과 연희동 사저 등의 재산을 국가에 헌납한다는 내용이었고. 이때 검찰은 '5공 비리 특별수사부'를 구성해 5공 비리 사건과 관련하여 총 47명을 구속했어. 그러나 1991년 6월 전경환 가석방을 마지막으로 5공 비리 수사와 관련해 구속된 47명은 모두 풀려났지. 탈주범들이 외친 '유전무죄 무전유죄'가 현실로 입증된 거야.

유전무죄 무전유죄… 돈 있고 힘 있는 자는 죄를 저질러도 법망을 피해 가고, 돈 없고 힘 없는 사람만 벌을 받는다. 잘못의 크고 작음을 떠나서 말이야. 지강헌 사건 이후 이 말은 '공자께서도 탄식을 금치 못할 명구'라며 그해의 유행어로 떠올랐어. 탈주범들이 당시 서민들이 막연히 느끼던 감정을 여덟 글자로 깔끔하게 정리해줬다고나 할까? 어쩌면 범죄자들의 자기합리화, 무절제한 외침으로 끝나버릴 수 있었던 이 말이 유행어가 되어서 오늘날까지 남은 건, 그 '빌미'를 당시 우리 사회가 제공했기 때문은 아닐까? 어쩌면 그날의 피해자들을 포함한 많은 국민들이 탈주범들의 사연에 공감하고 연민했던 것은 그러한 공감대가 이미 있었기 때문일지도 몰라.

문제는 30년 이상 지난 오늘날의 사회 현실도 별반 다르지 않다는 거야. 2012년 영국 경제 주간지 《이코노미스트^{Economist}》에 '유전무죄 무전유죄'가 등장했어. 재벌에 대한 한국의 솜방망이 처벌 관행을 설명하며 한국어 발음대로 'Yujeon mujwai, mujeon yujwai'라고 표기한 거야! 그러고는 'money=innocence, no money=guilt'라고 설명을 달았어. 말 그대로 돈 있음=무죄, 돈 없음=유죄라는 뜻이지.

《이코노미스트》는 한국의 대기업 총수들이 유죄 판결을 받고서도 사면받은 사례를 소개하면서 이 관행을 설명했어. 1990년부터 당시인 2012년까지 한국의 10대 재벌 총수들이 받은 처벌을 조사해봤더니, 모두 일곱 명이 다 합쳐서 22년 6개월의 징역형 판결을 받았다는 거야. 그런데 이 중에서 실제로 집행된 징역형이 얼마나 될 것 같아? 단 하루도 안 돼. 모두 집행유예를 받아서 실형을 단 하루도 살지 않았다는 거야. 거기다가 전부 예외 없이 사면을 받았어.

2006년에 《노컷뉴스》에서 실시한 조사에서는 '유전무죄 무전유죄'라는 말에 공감한다는 대답의 비율이 61%에 달했어. 그럼 그로부터 십수 년이 더 지난 지금은 뭐가 변했을까? 2020년 2월, 《서울신문》에서도 비슷한 온라인 설문조사를 진행했지. "유전무죄 무전유죄 현상이 우리 사회에 계속되고 있다고 생각하는가"라고 질문을 던졌어. 그리고 여기에 '그렇다'라고 답한 비율은 무려 86.9%나 됐어. 이 현상이 사라지기는커녕, 사람들이 생각하기에 점점 더 공고해지고 있다는 거지.

유전결혼 무전비혼, 유전취업 무전실업, 유전합격 무전입대, 유전합격 무전낙방, 유전면제 무전입대…. 최근 사회적 양극화를 꼬집는 다양하고 자조적인 패러디를 보면, 돈이 없으면 포기하고 돈 때문에 차별받는 것도 당연하게 받아들여야 하는 시대가 된 건지도 모르겠어. 30여 년 전엔 국민적 분노를 일으키며 떠오른 유행어가 이젠 현실을 표현하는 상투적인 말이 되어버린 건 아닐까?

탈옥수 지강헌 인질극 사건

왜 다 끝난 사건을 다시 끄집어내서 다루려고 하시는 거예요? 혹시 무슨 의도가 있는 거 아닌가요?

날 선 질문이 날아온다.

그날의 기억이 궁금해요. 탈주범들이 어떤 말을 했는지, 그때 심경이 어떠셨는지….

우여곡절 끝에 당시 인질분을 가까스로 만날 수 있었지만, 설득의 과정은 매우 어려웠다. 사건은 끝났지만 이분들은 오늘의 삶을 살아가야 하기 때문이다. 여러 차례 끈질긴 설득 끝에, 방송 취지에 공감해주셨고 결국 협조해주셨다. 그것도 아주 상세히 말이다. 참으로 감사한 부분이다.

증언을 듣는 순간은 놀라움의 연속이었다. 탈주범들이 집 안에 들이닥쳐했던 말과 행동, 그리고 아무도 몰랐던 지강헌의 눈물까지…. 마치 영화보다 더 영화 같은 '그날'이었다.

증언을 듣다 보니 이런 생각이 들었다. 만약 인질 가족이 고추장찌개를 내 오지 않았다면? 용기를 내 말을 걸고 술 한 잔 기울이지 않았다면? 사건은 180도 달라졌을 수 있다. 탈주범이 들이닥친 순간에 "밥은 먹었는가?" 하고 말할 수 있는 사람은 과연 몇이나 될까? 나라면 그렇게 할 수 있었을까? 감히 상상도 되지 않는다.

확실한 것은, 자신의 생명이 위협받는 순간에도 탈주범들의 하소연을 들어주고 현명하게 대처했던 이분들이 있었기에 희대의 인질극은 큰 인명피해 없이 마무리될 수 있었으리라는 사실이다. 이 자리를 빌려, 그들을 외면하지 않고 따뜻한 손길을 내어준 숨은 영웅들께 다시 한 번 감사와 존경을 표한다.

사람이 증발한다, 지구 최후의 날!

1992 휴거 소동

그날과 그때는 아무도 모르나니 하늘의 천사도,

아들도 모르고 하나님만 아시느니라.

— 「마태복음」 24장 36절

사라진 사람들

자, 오늘 할 이야기는 사람이 증발하는 이야기야. 1992년의 어느 날에 마치 마술처럼 자신이 순식간에 사라질 거라고 믿은 사람들이 있었어. 그것도 한두 명이 아니야. 무려 수천 명이 한날 한시에 한꺼번에! 이 이야기는 기묘한 사건들로 시작됐어.

1992년 9월 11일 경남 마산에서 있었던 일이야. 최 씨 할아버지가 산을 내려오고 있었어. 마침 추석날이라 조상님 산소에 성묘를 다녀오던 길이었지. 그런데 산 중턱쯤 다다랐을 때 문득 걸음을 멈췄어. 저 멀리 고압선 철탑에 뭔가 이상한 물체가 매달려 있는 게 눈에 보였거든. '뭐지?' 싶어서 가까이 다가간 최 씨 할아버지는 소스라치게 놀랐어! 물체의 정체는 바로 사람의 시신이었어. 한 여성이 나일론 끈으로 목을 맨 채 숨져 있었던 거야. 그런데 서른두 살의 나이로 생을 마감한 그녀가 남긴 유서의 내용이 기묘했어.

10월 28일을 앞두고 세상 살기가 싫어졌어요.

한편 인천의 한 산부인과에서는 의사가 간곡히 임산부를 설득하고 있었어. 임산부는 30대 중반의 김 씨로, 임신 3개월에 접어들고 있었어. 어렵게 가진 첫아기였고, 아기의 건강에도 아무런 문제가 없었지. 그런데 갑자기 낙태 수술을 해달라는 거야.

왜 어렵게 가진 아이를 포기하려는 걸까? 키울 형편이 안 되나? 부부 사이에 문제라도 있는 걸까? 아니었어. 의사가 강력히 반대했지만 김 씨는 완강했어. 그녀는 결국 낙태 수술을 받고 말았어. 김 씨가 밝힌 이유는 바로 이거였어.

10월 28일엔 아이가 없어야 해요.

또 10월 26일에는 어느 경찰서에 신고 전화가 걸려왔어. 다급한 목소리로 전화를 걸어온 사람은 서울 구로구에 사는 두 아이의 엄마였는데 아홉 살, 여섯 살 먹은 어린 남매가 사라졌다는 거야. 경찰의 수사 결과, 아이들을 흰색 승용차에 태우고 사라진 남자가 포착

됐어. 엄마의 눈을 피해 집 앞에서 놀던 아이들을 서둘러 차에 태워서 데리고 간, 초췌한 모습의 30대 남자. 그의 정체는 바로 아이들의 아빠였어. 아이 엄마와 시댁 식구들까지 나서서 갈 만한 곳은 전부 수소문했지만 온데간데없었어. 집 앞에서 슬리퍼 차림으로 놀던 아이들을 신발도 제대로 신기지 않은 채, 어디로 그렇게 급히 데려간 걸까? 사라지기 전 그는 초조한 목소리로 아내에게 이런 말을 남겼다고 해.

10월 28일에 대비해야 돼.

무려 가족 전체가 한꺼번에 증발한 경우도 있었어. 8월 22일 경기도 군포에서 이웃 주민들이 경찰에 신고를 했어. 옆집 사람들이 사라졌다는 거야! 부부와 고등학생, 중학생 두 딸, 초등학생 막내아들까지 다세대 주택에 세 들어 살던 일가족 다섯 명이 어느 날 돌연 자취를 감췄어. 가족여행이라도 갔나 싶었는데 하루, 이틀, 사흘… 두 달이 되도록 돌아오지 않고, 아무런 소식도 없는 거야. 어떻게 다섯 명이나 되는 사람이 하루아침에 증발해버릴 수가 있지? 야반도주라도 한 걸까? 뭔가 끔찍한 범죄에 휘말린 걸까? 그런데 가족의 실종 전 행적을 추적하던 경찰이 친척들에게 이상한 얘기를 들었어. 행방불명되기 직전 사라진 부부가 찾아와 가재도구를 전부 나눠줬다는 거야. 의아해하는 친척들에게 그들은 이렇게 말했대.

10월 28일이 오면 재산은 아무 필요 없습니다.

10월 28일! 이번에도 10월 28일이었어! 1992년 대한민국에는 이상한 사건이 벌어졌어! 사람들이 스스로 목숨을 끊고 어렵게 가진 아이를 낙태하는가 하면, 휴가를 나간 군인이 부대에 복귀하지 않고 그대로 사라지기도 했어. 전국 곳곳에서 사람들이 흔적도 없이 사라지는 일이 이어진 거야! 심지어 이 사람들은 서로 아무런 연관도 없던 사람들이었어. 유일한 연결고리는 10월 28일! 10월 28일에 무슨 일이 일어나는 걸까? 사라진 사람들은 어디로 간 걸까?

1992년, 세상을 떠들썩하게 만든 휴거 열풍

드디어 1992년 10월 28일 서울 마포구 성산동, 한밤중 조용한 주택가에 엄청난 인파가 몰렸어. 무려 3,000명! 혹시 모를 사고에 대비해 400여 명의 경찰과 구급차, 소방차까지 배치됐어. 국내 언

1992년
10월 28일,
성산동의 모처에
몰려들고 있는
사람들의 모습.

론은 물론 CNN, TV아사히テレビ朝日 등 해외 취재진까지 취재 경쟁을
벌이고 있었어!

잠시 후 환호와 박수 소리가 들리더니 인파를 헤치고 그들이 모
습을 드러냈어. 10월 28일만을 기다려온 바로 그 사람들이야. 아이
를 업은 엄마부터 노인까지 1,200명이 건물로 속속 들어갔어. 하나
같이 흥분되고 긴장한 표정이었어. 그들을 건물 안으로 안내하는
사람들은 이렇게 외쳤어.

휴거되세요!

휴거라는 게 무슨 뜻일까? 휴거란 예수가 세상을 심판하기 위하여 재림할 때 구원받는 사람을 공중으로 들어 올리는 것을 말해. 아마 지금도 40대 이상 연령대의 사람들 중에는 1992년 대한민국에 휘몰아친 '휴거 열풍'을 기억하는 사람이 많을 거야. 당시 서울역 광장, 명동, 고속버스터미널, 지하철 환승역 등 사람들이 많이 지나는 곳이면 어김없이 그들을 만날 수 있었어. '휴거, 92년 10월 28일 예수 재림'이라고 쓴 어깨띠를 두르거나 피켓을 든 사람들이었지. 그들은 절박한 목소리로 "시간이 없다! 종말이 얼마 남지 않았다! 휴거되려면 주예수를 믿으라!"라고 외치면서 행인들에게 전단지를 나눠줬어.

그들이 나눠준 전단지는 하나같이 무시무시한 경고로 가득 차 있어. 요약해보면 공통적으로 나타나는 내용은 '종말이 임박했다', '종말 전에 예수가 재림해서 선택된 자들만 끌어 올린다', '그때가 바로 1992년 10월 28일 24시다'라는 거였어. 말이 좀 헷갈릴 수 있는데, 28일에서 29일로 넘어가는 자정을 가리키는 거야. '시한부 종말론'*을 믿는 사람들은 예전부터 있었지만 1992년에는 차원이 달랐어. 휴거를 추종하는 교회들의 주장에 따르면 전국 250여 개 교

---

* 성경에서 예언된 종말의 시한이 있어, 그때가 오면 세상이 멸망한다고 믿은 세기말적 현상으로, 한국에서는 1960년대 이후 장막성전, 천국복음전도회 등 다양한 단체에 의해 주장되었다.

꼬리에 꼬리를 무는 그날 이야기

휴거를 알리는 피켓을 든 사람이 지나가는 시민들에게 전단지를 나눠주고 있다.

당시 길거리에서 뿌려진 다미선교회의 전단지 중 하나.

회의 10만여 명이 휴거가 일어날 거라고 굳게 믿고 있었다는 거야! 그럼 시한부 종말론 가운데에서도 독보적이었던 이 '휴거 열풍'은 대체 어디서 시작된 걸까?

1992년의 열풍을 불러온 건 바로 한 권의 책이었어. 제목은 『다가올 미래를 준비하라』! 일종의 '예언서'야. 이 책에는 '종말은 오는가? 온다면 과연 언제인가?' 하는 인간의 오랜 질문에 대한 해답이 담겨 있어! 일종의 '인류 종말 시나리오'라고 할까? 이 책에서 제시하는 종말의 첫 단계가 바로 휴거야. 바로 1992년에 세계 도처에서 무려 10억 명이 일시에 사라지는 '지상 최대의 인간증발사건'이 벌어진다는 거였어!

지상에서는 그리스도를 믿는 모든 사람들이 공중으로 증발해버리고 온 세계는 일대 아수라장이 된다. 온 세계가 실종된 사람들을 보고하느라 모든 라디오, TV, 정규프로가 중단되고 대부분의 가정이 초상집같이 되어 그야말로 아비규환이다. (…) 어디 그뿐이겠는가? 세계 도처에서 사람들이 증발함과 동시에 갖가지 사고가 발생한다. 비행기 조종사가 휴거되자 비행기는 추락하고 자동차 기사가 휴거되자 거리마다 대형 교통사고로 사상자가 발생한다. (…) 상상도 할 수

　　휴거의 다음 단계는 더 충격적이야. 바로 '7년 대환란'이 일어난다는 거야. 휴거로 '선택된 자'들이 사라진 땅에는 제3차 세계대전이 일어나고 전 세계는 적그리스도*의 손아귀에 들어가며 피비린내 나는 대학살이 벌어져. 거기에 질병과 천재지변 등 온갖 재난까지 겹쳐 무려 50억 명이 사망하는 인류의 멸망, 종말이 온다는 거야! 휴거되지 못하면 지상에 남아 이 무시무시한 고통을 겪으며 죽어가야 한다는 말이지.

　　마치 재난 영화처럼 생생하면서도 공포스럽지? 많은 사람들, 특히 기독교 신자들이 이 책에 빠져들었어. 그중에는 교회의 목사님 아들도 있었어. 당시 열세 살이던 하영이(가명)가 그 책을 읽은 건 초등학교 6학년 겨울방학이었어. 『다가올 미래를 준비하라』에는 하영이가 그동안 궁금해하던 종말에 대한 해답이 있었어! 성경에는 상징

_____

*　　그리스도의 적. 그리스도를 사칭하는 악의 화신으로, 「요한 1서」와 「요한 2서」에 등장한다. 이슬람교의 종말론에도 이러한 거짓 메시아의 존재가 언급된다.

적으로 표현돼 있어서 어렵기만 하고, 목사인 아버지에게 물어도 속
시원한 답을 얻지 못했었거든. 특히 하영이의 아버지는 정통 기독교
라면 '시한부 종말론'을 설파해서는 안 된다는 입장이셨어. 사실 성
경에도 알려고 들지 말라고 적혀 있단 말이야.

> 그날과 그때는 아무도 모르나니 하늘의 천사도, 아들도 모
> 르고 하나님만 아시느니라.
>
> — 「마태복음」 24장 36절

　성경에 물론 종말에 대한 내용이 있긴 한데, 자세한 설명이 나
오는 게 아니거든. 어디까지나 추상적으로 묘사될 뿐이야. 그런데
이 책에서는 종말의 풍경과 시기까지 아주 생생하고 구체적으로 알
려주잖아. 오히려 진짜 성경보다 더 진짜 같은 거지. 더구나 인류종
말의 대재앙에서 선택된 자만 살아남는다는 스토리! 이 흥미진진한
스토리는 초등학생인 하영이를 사로잡기엔 충분했어.

> (정말 믿으셨어요?) 네, 그때 정말 믿었던 것 같아요. (그 날짜가
> 되면 어떻게 될 거라고 상상하셨어요?) 여기서 이야기하는 대로
> 이 세상은 다 혼란에 빠지고 저는 그 혼란에서 벗어나서 천

국을 갈 거라고 생각을 했죠.

이런 예언을 한 사람이 누굴까? 책을 읽은 사람들이 찾아가보니, 예언자가 있는 곳은 한 교회였어. 교회의 벽면에는 사람들이 하늘로 올라가는 모습을 그린 커다란 그림이 걸려 있었지. 그래, 바로 휴거 장면을 그린 그림이었어. 그곳이 바로 1992년 10월 28일 1,200명 신도가 모인 성산동의 다미선교회야. '다미'는 '다가올 미래'를 줄인 말이야. 책을 쓴 사람은 바로 다미선교회의 이장림 목사야. 그는 기독교 전문 출판사에서 해외 종말론 서적을 번역하며 시한부 종말론에 심취하게 됐고 예언서를 출간하게 됐다고 해. 신도들 앞에서 그가 자신 있게 외치고 있었어. 10월 28일 밤에 1초도 어김없이 휴거가 일어난다고.

틀림없습니다! (아멘!) 10월 28일 1초도 어기지 않습니다! (아멘!) 그 안에 일어날 사건들 세밀하게 말씀해주고 있습니다. (아멘!) 우리는 외쳐야 합니다. (아멘!) 우리는 10월 28일을 강력하게 외쳐줘야 합니다. (아멘!)

왜 1992년 10월 28일인가?

그런데 왜 1992년 10월 28일일까? 날짜 계산의 기준점은 바로 '인류의 종말'이야! 인류가 언제 종말할 것인가를 예언한 사람이 있어. 바로 노스트라다무스*야. 히틀러의 출현, 유태인 학살, 일본에 원자폭탄 투하 등 숱한 역사적 사건들을 적중시켰다는 예언가지. 그거 알아? 전쟁이나 테러, 대형 참사가 터질 때면 어김없이 순위권 안에 드는 검색어가 바로 '노스트라다무스'야. 911테러 사건**이 벌어진 직후에도 전 세계 네티즌들 사이에 노스트라다무스가 911테러를 정확히 예언했다는 말이 번지면서 그의 예언 시詩가 인터넷에 떠돌았어. 물론 가짜 뉴스였지만….

인류가 불안한 상황에 처하면 어김없이 소환되는 노스트라다무스, 그가 예언한 종말의 시점이 바로 1999년이야! 그뿐만이 아니야. 이 목사는 노스트라다무스뿐 아니라 또 다른 강력한 근거도 제시했는데 그건 바로 성경이었어.

---

* 프랑스의 천문학자, 의사, 예언가. 1555년에 예언 시를 모아 출간한 『예언집』으로 유명하다.
** 2001년 9월 11일 이슬람 근본주의 세력인 오사마 빈 라덴과 그가 이끄는 무장 조직 알카에다가 벌인 동시다발적 항공기 자폭 테러 사건. 맨해튼의 세계무역센터와 워싱턴 D.C.의 국방부 청사인 펜타곤이 공격받았으며 3,000여 명의 사망자와 6,000명 이상의 부상자가 발생했다.

사랑하는 자들아, 주께는 하루가 천 년 같고 천 년이 하루 같다는 이 한 가지를 잊지 말라.

- 「베드로후서」 3장 8절

구약성경의 창세기를 보면 하나님이 6일에 걸쳐 이 세계를 창조했다고 되어 있어. 그런데 자, 생각해봐. 하나님에게는 하루가 1,000년이라고 했잖아. 곧 인류의 역사가 6,000년이라는 거지. 구약의 역사를 4,000년으로 보면, 예수가 탄생한 후 2,000년 안에 인류 역사가 끝난다는 거야. 즉, 서기 2,000년이지. 그리고 인류 역사가 끝나기 전에 7년 대환란이 있다고 했어. 그러니까 1993년부터 1999년의 7년 동안은 7년 대환란이야. 그러니까 휴거가 일어어나는 건 바로 그 전해인 1992년이 되는 거지! 그러면 왜 하필 10월 28일일까?

주께서 호령과 천사장의 소리와 하나님의 나팔 소리로 친히 하늘로부터 강림하시리니 그리스도 안에서 죽은 자들이 먼저 일어나고 그 후에 우리 살아남은 자들도 그들과 함께 구름 속으로 끌어 올려 공중에서 주를 영접하게 하시리ㅣ 그리하여 우리가 항상 주와 함께 있으리라.

- 「데살로니가전서」 4장 16절~17절

보라 내가 너희에게 비밀을 말하노니 우리가 다 잠잘 것이
아니요 마지막 나팔에 순식간에 홀연히 다 변화되리니.

- 「고린도전서」 15장 51절

이 구절에 나오는 나팔이 곧 유대교의 신년제인 나팔절^{The Feast of}
^{Trumpet}을 의미한다는 거야. 나팔절은 유대력을 기준으로 하기 때문
에 우리의 음력 설처럼 날짜가 매년 달라져. 그리고 1992년에는 9
월 28일이었다고 해. 그럼 왜 9월 28일이 아니고 한 달 늦은 10월
28일이냐고? 성경을 보면 사정이 있으면 한 달 연기해서 절기를 지
켜도 된다는 말씀이 있거든. 이 구절에 따라서 한 달 정도 유예를
둔 10월 28일에 휴거가 일어난다는 거야. 얼핏 보면 나름 치밀하게
계산된 것처럼 보이지? 하지만 잘 생각해보면 몇 가지 의문이 들어.

휴거 Q&A[*]

10월 28일 24시의 시차는?

이장림 목사는 휴거가 10월 28일 자정에 일어난다고 했는데, 시

차라는 게 있잖아. 그럼 어디가 기준이 되어야 하지? 휴거의 순간이 각국이 정해놓은 표준시에 따르는 거라면 통가 왕국, 키리바시, 사모아에서 가장 먼저 휴거가 일어나고 뒤이어 한국과 일본에서 동시에 휴거가 일어나고, 그다음에 미국…. 이런 식으로 총 24시간에 걸쳐 차례대로 휴거가 일어나야 하는데, 그럼 예수가 24시간 동안 동에서 서로 날아다니며 사람들을 휴거시켜야 된다는 거야?

이 문제에도 나름의 해답을 내놓기는 했어. 한국표준시로 10월 28일 24시인 걸로! 1992년 당시 다미선교회의 선교사들이 필리핀에도 진출했는데, 필리핀의 신도들은 한국 시각에 맞춰 현지 시각 밤 11시에 휴거를 기다리고 있었대. 의문이 드는 부분은 시차만이 아니었어. 휴거의 구체적인 모습에 대해서도 의견이 분분했어. 그러다 보니 조금씩 다른 '썰'이 존재하다 한 가지로 수렴되기도 했어.

지붕과 벽은 통과할 수 있을까?

휴거의 순간에 어디에 있어야 하는 걸까? 혹시 건물 안에 있다가 갑자기 몸이 떠오르면 천장에 머리가 부딪치는 거 아닐까? 보편

---

*   자료 협조: 곽재식 작가.

적인 의견은 '공중부양해서 점점 떠올라서 하늘 높이 날아가는데 지붕이나 벽은 그대로 통과해서 부딪히지 않고 높이 떠오르게 된다'라는 거였다고 해.

휴거의 순간, 소지품과 옷차림은?

휴거 되는 순간 손에 들고 있던 물건은 어떻게 될까? 물건의 주인과 함께 사라질까? 첫 번째 '썰'은 소지품과 함께 순간이동 하면서 없어진다는 거였어. 다른 '썰'은 작은 소지품만 함께 순간이동 하며 없어진다는 거. 가령 가방을 들고 있다면 가방까지 순간이동 하는 건 아니고 반지, 틀니 정도가 함께 없어지는 거지. 가장 널리 받아들여진 답은 몸만이 갑자기 없어진다는 거였어. 따라서 휴거가 끝나고 나면 사람이 없는 빈 옷가지만 남아서 뒹굴게 된다는 거지. 틀니, 금니, 수술해서 끼워 넣은 보형물, 즉 콧날에 넣은 실리콘 같은 것도 지상에 남고 말이야. 우리는 휴거되면 뭐가 남을까?

계시 그리고 종말론의 확산

신도들은 교회에 남아 새벽 내내 이런 식으로 휴거에 대한 이야기를 나누었어. 휴거의 예정 시각에 맞추느라 다미선교회에서는 매일 밤 자정 무렵에 예배가 진행됐는데, 예배가 끝난 후에 집에 갈 차편이 마땅치 않았거든. 그중에는 정희 씨(가명)도 있었어. 당시 30대 초반이던 그녀는 초등학생 아이 둘을 둔 엄마였어. 매일 밤 자정 예배를 보고 아이들을 교회에서 재운 다음 새벽 첫차를 타고 집에 가서 아침밥을 먹여 학교에 보내는 고단한 생활이 계속됐어.

> 그때는 예수님 재림하시면 그 자석이 쇠에 끌리는 것처럼 쫙 올라간다고 그랬어요. 합당한 사람들이 전기에 끌리듯이 쫙 올라간다고 그랬어요.
>
> — 정희 씨 인터뷰 중

그러던 어느 날 정희 씨는 신기한 꿈을 꿨어. 깜깜한 밤에 배를 타고 가는데 플래카드를 단 배가 떠 있는 거야. 그것두 한두 척이 아니고 여러 척이었어. 신기한 건 그 플래카드에 '92년 휴거'라고 쓰여 있었던 거야! 휴거 꿈을 꾸고 나니 신비하고 감격스러웠어. 교회 관계자에게 가서 무슨 꿈인지 물어보니 이렇게 대답하는 거야.

하느님의 계시입니다.

다미선교회는 신자들의 꿈을 1992년 10월 28일 휴거에 대한 하느님의 직접 계시라며 중시했어. 신자들이 받은 계시를 10월 28일 휴거의 증거로 내세우며, 성경 말씀 분석과 함께 책이나 전단지에 싣기도 했어. 예배시간이면 꿈을 꾼 사람들이 간증을 하기도 했지.

한편 꿈을 안 꾼 사람들은 슬슬 불안해지기 시작했어. '내 믿음이 부족한가?', '혹시 나만 휴거가 안 되는 건 아닐까?' 신자들은 꿈을 꾸기를 열망하고 꿈을 꾸게 해달라고 기도하기도 했어. 그런데 정성이 하늘에 닿은 걸까? 그런 사람들도 드디어 휴거 꿈을 꾸게 된 거야. 책으로만 본 내용을 꿈에서 직접 체험하고 나니, 신도들은 휴거를 확신하게 됐어. 꿈을 꿨다는 신자들은 점점 늘어갔고, 자신과 같은 신비한 체험을 한 사람들이 전국 각지에서 속속 나타나는 걸 보며, 이들의 확신은 더욱 굳어졌어.

휴거를 추종하는 시한부 종말론이 전국적으로 번지고 신도들이 몰려가자, 기성 교회는 다미선교회를 사이비, 이단이라고 비판했어. 하지만 이미 붙은 불길을 잡기엔 역부족이었어. 더구나 그 불길을 긷잡을 수 없는 파괴력을 가진 대형 화재로 번지게 할 강력한 바람, 아니 폭풍이 몰려왔어! 저 먼 사막에서!

1991년 1월 17일 오전! TV를 켠 사람들은 놀라운 광경을 목격하게 돼. 다국적군이 이라크의 수도 바그다드에 융단 폭격을 퍼붓는 모습이 생중계되고 있었어. 작전명 '사막의 폭풍'! 걸프전$^{Gulf War*}$이 발발한 거야! CNN은 인류 역사상 최초로 전쟁을 인공위성으로 전 세계에 생중계했고, 덕분에 시청자들은 실제 전쟁 장면을 안방에서 생생하게 보게 됐어.

지금이야 TV나 인터넷을 통해 전쟁 장면을 보는 게 별일 아니지만, 당시 사람들에게는 큰 충격이었어. 엄청난 공포에 휩싸였지. 평일 오전인데도 국내 방송사의 뉴스 속보 시청률은 42%를 기록했고, 방송사는 아예 정규 편성을 무시하고 뉴스 특보 체제로 전면 전환했어. TV의 판매율이 평소의 두 배 가까이 늘었고, 반면 비디오 대여점의 매상은 뚝 떨어졌어. 다들 TV로 전쟁 중계를 보느라 비디오를 빌려 가지 않게 된 거야.

사람들은 불안에 휩싸였어. '이러다 제3차 세계대전이 일어나

---

* 1990년 8월 이라크의 쿠웨이트 침공이 계기가 되어, 미국·영국·프랑스 등 서방 진영을 주축으로 한 34개국 다국적군과 이라크 사이에 벌어진 전쟁. CNN에서 미국 폭격기의 폭격 장면을 실시간으로 보도하면서 '비디오게임 전쟁'이라는 별명을 얻기도 했다.

는 거 아닐까?' 불안해진 사람들이 초저녁 일찍 귀가하게 되면서 유흥가에 손님이 줄었어. 중동에서 전쟁이 터졌으니까 기름값이 폭등할까 봐 주유소마다 줄을 서기도 했고, 연탄이 잘 팔려서 쇠락한 탄광 지역이 활기를 되찾을 정도였어.

> 운명의 날이 시시각각 다가오고 있다. 당신은 종말을 위한 마지막 카운트다운이 이미 시작되었다는 것을 모르는가?
> — 이장림, 『다가올 미래를 대비하라』, p.49

> 이 책을 읽고도 구원받는 기회를 놓친다면 그것은 당신의 책임이다!
> — 이장림, 『다가올 미래를 대비하라』, p.248

서점가에서는 종말론 서적이 불티나게 팔렸어. 이장림 목사의 예언서가 대형 서점의 종교 부문 베스트셀러 1위에 올랐어. 정말 그의 예언대로 종말이 머지않은 건가? 책에 적힌 인류 종말 시나리오가 그대로 이루어지려나? 그럼 1992년 휴거도 진짜 일어나는 건가? 그의 책을 읽은 독자들은 각 챕터가 끝날 때마다 등장하는 무시무시한 경고 문구도 읽었겠지?

종말론이 대두되는 것과 함께, 다미선교회는 그야말로 급성장했어. 1988년에 설립된 지 불과 4년 만에 전국에 92개, 해외에 40여 개의 지부를 가진 거대한 단체가 됐지. 성산동에서 열리는 예배에는 신자가 무려 1,000명씩 참석했어. 뉴욕의 한복판 맨해튼가에 '휴거, 예수 재림 92년 10월 28일'이라는 피켓을 든 신자가 등장하기도 했대. 다미선교회가 급성장하자 다른 교회들도 가세했어. 시한부 종말론을 주장하는 곳은 전국 250여 개소, 신도 수는 교회 측에서 주장하는 바에 따르면 무려 합계 10만여 명에 이르렀어!

심상치 않은 사건들

그런데 휴거 예정일이 다가오면서 전국적으로 심상치 않은 일들이 벌어지기 시작했어. 추석날 서울-능곡 간 교외선 열차에 탄 승객들은 깜짝 놀랐어. 갑자기 열차에서 안내방송 대신 이런 내용이 흘러나오는 거야.

종말이 다가오고 있습니다. 하나님을 믿고 휴거되세요.

269
•

30대 철도공무원인 김 씨가 휴거 설교 테이프를 튼 거였어. 김 씨는 두 달 뒤 15년을 다닌 직장에서 권고사직을 당했지. 그런가 하면 갑자기 학교에 자퇴서를 내고 사라지는 아이들이 생기기도 했어. 아이들은 자퇴 전 반 친구에게 이렇게 말했대.

부모님을 따라 휴거를 믿기로 했어.

교육부는 각 시도교육청을 통해 시한부 종말론을 주장하는 교회 주변에 있는 학교에 특별 지시를 내리기도 했어. 학생들이 휴거에 현혹되는 일이 없도록 학교에서 가정통신문을 보내라고 말이야. 휴거를 믿는 사람들은 멀쩡히 다니던 직장을 그만두고, 내 집 마련의 꿈으로 성실히 부어오던 주택 청약예금도 해지하고, 어렵게 가진 아이를 낙태하기도 했어. 살던 집과 재산을 전부 처분하거나 교회에 바친 사람들은 비닐하우스에서 집단생활을 하며 휴거를 기다렸어. 젖먹이 어린아이부터 학생, 노인까지 더운 여름에 엉성한 비닐하우스에서 철야 기도를 해가며 오직 휴거만을 기다리고 있었어.

언론은 심각한 사회문제에 수사기관이 손을 놓고 있다며 강도 높게 비판했고, 결국 8월에 대검찰청 형사부에서 전국 검찰에 종말론 단체를 본격 수사하고 강력히 대처하라고 지시했어. 검찰은 일단

내사에 착수했지만 고민스러웠어. 이들이 분명 사회적인 불안을 조장하고 있는 건 틀림이 없었어. 그런데 종교 활동을 국가권력이 나서서 사법적으로 대처하는 게 맞는 걸까? 신도들도 누가 강제로 납치해 간 게 아니라 제 발로 찾아간 거잖아. 그 사람들을 피해자로 볼 수 있을까? 자칫하면 국가와 사법에게 주어진 '선'을 넘을 수 있었기 때문에 많이 고민이 되었을 거야. 그런데 검찰이 더 이상 주저할 수 없게 만든 사건이 발생했어!

한 지방신문에 아버지의 애타는 호소가 담긴 기사가 실렸어. 고등학생인 외아들이 사라져 아버지가 생업을 포기하고 전국을 뒤지며 아들을 찾고 있다는 거야. 어려운 환경 속에서도 전교 1, 2등을 놓치지 않아 아버지의 자랑거리였던 아들이 한 교회에 다니면서부터 철야 기도와 전도를 한다며 집에도 잘 들어오지 않게 되더니 아예 가출을 해버렸어. 그런데 아버지는 아이의 책상 위에 놓인 종이를 보고 깜짝 놀랐어. 아들 이름 옆에 이런 글이 적혀 있었거든.

1992년 북한에서 순교

종이에는 아들 외에도 다른 아이들의 이름과 북한, 아프리카 등의 순교 장소가 적혀 있었어! 이게 무슨 뜻일까? 알아봤더니 휴거를 믿는 신자라고 해서 모두 휴거되는 게 아니고, 이 땅에 남아 순교할 운명을 지닌 사람들도 있다는 거야.

휴거 이후 '7년 대환란'이 시작된다고 했던 거 기억나? 그날이 오면 적그리스도, 즉 악마의 화신과 맞서 싸우다 장렬히 죽는 게 아들의 운명이라는 거지. 순교자의 사명을 띤 아이들은 전도사와 집단생활을 하며 이른바 '순교 훈련'도 받았어. 지리산 등 산악지대에서 체력 훈련을 하고 악마와 싸우기 위해 킥복싱 같은 무술을 단련하기도 했지.

이러다 정말 큰일 나겠다 싶었던 아버지는 마지막 인사를 하기 위해 집에 들른 아들이 잠든 새 정신병원에 전화해 앰뷸런스를 불렀어. 아들을 정신병원에 입원시킨 거야. 전교 수석이던 아이를 자기 손으로 정신병원에 입원시켜야 했던 아버지는 가슴이 찢어졌지.

그렇게라도 정신을 차리기만 바랐는데, 아들은 얼마 후 병원에서 사라졌어. 퇴원하는 환자에게 몰래 쪽지를 건네 교회에 구출을 요청했대. 쇠톱과 절단기를 전달받은 후 화장실 쇠창살을 잘라 병원을 탈출한 거야. 사태가 이렇게 되니 경찰과 검찰은 물론 안기부까지 사라진 아들의 소재파악에 나섰어. 웬 안기부냐고? 북한에서 순교하려고 훈련을 받고 있다고 했으니까.

한 달 만에 경찰이 정신병원을 탈출한 아이를 찾아냈지만 나머지 아이들과 전도사는 행방이 묘연했어. 부모들은 아이들을 찾아달라며 검찰 등 각계에 진정서를 내는 한편, 피해자대책협의회를 꾸려 휴거를 추종하는 종교집단을 엄벌해달라고 정부에 촉구했어.

예언을 믿지 않는 예언자

휴거를 한 달여 앞둔 9월 22일 밤, 다미선교회 이장림 목사가 검찰에 연행됐어! 검찰이 이 목사가 헌금 34억 4,000만 원을 교회가 아닌 자신의 개인 계좌로 받았다는 사실을 밝혀낸 거야. 이 목사에게 개인적으로 거액의 돈을 건넨 신자들 중 일부는 10월 28일까지 사용할 생활비만 남기고 전 재산을 헌납한 거였어.

일단 연행은 했지만 검찰은 고민스러웠어. 과연 처벌이 가능할까? 거액의 현금을 개인적으로 받긴 했지만 신도들이 자발적으로 낸 돈이라 주장하면? 검찰이 적용을 검토한 법률은 사기죄였어. 그런데 사기죄가 성립하려면 남을 속이려는 '기망*의 의사'가 입증돼야 해. 목사 자신이 오는 10월 28일 휴거가 일어나지 않을 거라는 걸 알면서도 신도들에게 종말이 올 거라고 설교했다는 게 증명돼야 하는 거야. 그런데 목사에게 휴거에 대한 확신이 없다는 걸 어떻게 증명하지?

그런데 이 목사의 집에서 놀라운 증거가 발견돼! 바로 3억 원어치의 환매조건부 채권이야. 환매조건부 채권은 금융기관이 고객에게 팔았다가 일정 기간이 지나면 이자를 주고 되사는 채권을 말해. 그런데 문제는 이 목사가 갖고 있던 채권의 지급만기일이 1993년 5월 22일이었던 거야! 1992년 10월 28일에 휴거될 사람이 반년도 더 지난 후에야 되팔 수 있는 채권을 구입한 이유가 뭐겠어? 이장림 목사의 대답은 뭐였을까?

> 저는 이번 휴거 대상자가 아니고 '환란 시대'에 지상에 남아 순교해야 할 운명입니다. 그래서 활동비를 준비해둔 것뿐입니다.

물론 검찰이 이 대답을 듣고 '아, 그랬군요' 하면서 납득했을 리가 없지. 이 채권 덕에 검찰은 이 목사가 자신은 휴거를 믿지 않으면서도 10월 28일 휴거가 일어날 것이라며 신도를 속여 돈을 거둬들였다는 사실을 입증할 수 있게 됐어. 사기죄로 기소할 수 있게 된 거야.

이장림 목사를 구속한 서울지검 강력부는 시민들로부터 걸려

---

* 대한민국 민법의 개념으로 신의성실의 원칙에 반하여 진실이 아닌 것을 진실이라고 하거나, 진실을 은폐하는 행위를 말한다.

다미선교회의 '예언자' 이장림 목사가 연행되고 있는 모습.

온 격려 전화 때문에 업무가 마비될 정도였다고 해. 모처럼 칭찬을 들은 검찰은 몹시 고무된 표정이었대. 신도들의 가족들도 이제 휴거 열풍도 수그러들고 집을 나간 아들딸들도 집으로 돌아오겠거니 하고 생각했어. 과연 그랬을까?

검찰과 가족들의 예상은 빗나갔어. 예배시간인 밤 10시가 되자 다미선교회에는 신도들이 모여들었어. 다미선교회 3, 4, 5층 예배실을 꽉 채운 신도들은 평소처럼 예배를 봤어. 구속된 이 목사를 그의 설교 비디오 영상이 대신하고 있었고 신자들은 열광했어.

목사가 휴거일 이후가 만기인 환매채를 가지고 있었고 사기죄로 구속되기까지 했는데 왜 신도들의 믿음은 흔들림이 없었을까? 당시 다미선교회를 잠입 취재한 기자가 쓴 기사를 보면 교회 측은 철저히 외부정보를 통제하고 언론이 거짓말을 하고 있다고 몰아붙였다는 거야. 신문을 내보이며 의문을 제기하는 신도에게 꾸짖듯 이렇게 말했대.

절대 신문, 방송을 보지 마세요. 이 목사님을 면회했는데 휴거는 예정대로 온다고 하셨습니다. 믿습니까?

신도들이 이 말을 믿었을까? 물론이지. 그냥 믿은 것만이 아니라 '기자는 사탄이다', '핍박받는 목사님께 은혜가…' 하는 식으로 반응하기까지 했어. 이 목사의 구속과 언론의 비판을 '핍박'과 '시련'으로 받아들인 거야. 이들은 이런 과정을 휴거로 가는 동안 일어날, 미리 예정된 수순으로 받아들였어. 그리고 휴거 당일 그동안 불공정 보도를 해온 국내 언론사들의 출입을 금지시키고 미국의 CNN에게만 휴거 장면을 공개하겠다고까지 선언했지.

물론 이런 '핍박'은 신도들 개개인에게도 찾아왔지. 휴거 예정일이 점점 다가오고 있었지만 하영이는 자정 예배에 참석하지 못하고 있었어. 한참 전부터 목사님인 아버지가 다미선교회에 가지 못하게 엄하게 단속하셨거든.

가끔가끔 몰래 갔는데 어느 순간부터 굉장히 강력하게 제 시간을 다 점검하시면서 못 가게 하시더라고요. 저희 집에 지하가 있었는데 지하라고 해서 사람 못 살 만한 그런 지하 는 아니고요. 이제 침대도 있고 다 있는 지하가 있는데 거기 서 못 나오게 한동안 했었죠. (못 가게?) 네네, 엄마가 음식도 갖다 주시고.

                             - 하영 씨 인터뷰 중

4대째 기독교 집안인 정희 씨의 가족들도 반대가 심했어. 하지 만 이 목사의 구속 뉴스도, 주변 사람들의 반대나 비난도 귀에 들어 오지 않았어. 그녀는 오직 다가오는 휴거에만 몰두했어.

친척들은 대화를 할 수가 없죠. 완전히 나는 미친년이니까 완전히 사이비 저기에 빠져가지고, 종말론에 빠져가지고, 쟤 는 뭐 아예 대화상대가 안 되고. 그리고 보면 저도 굉장히

제가 마음이 여린데 어떻게 그렇게 했는지 지금 생각하면
어쨌든 간에 대단해요.

- 정희 씨 인터뷰 중

휴거, 운명의 카운트다운

드디어 10월이 왔어. 10월로 접어들자 휴거는 신도들뿐 아니라
국민 모두의 관심사가 됐어. PC통신* 토론장에서도 '휴거'가 가장
인기 있는 주제가 됐고 회사원들 사이에는 '10월 28일까지 외상 결
제'라는 웃지 못할 말도 돌았어. 고3 수험생들도 혹시 휴거가 일어
나고 종말이 오면 대학입시를 안 봐도 되려나 하는 막연한 기대감
을 가지기도 했고.

여의도 광장과 서울역에서 휴거를 추종하는 신도들이 돈을 뿌
릴 거라는 소문이 초등학생과 중학생들 사이에 돌기도 했어. 학생들
이 수업이 끝난 후에 떼지어 몰려가기로 하는가 하면, 돈을 어떻게
주울 건가를 두고 설왕설래가 벌어져 수업에 지장이 생길 정도였다

---

* 전화망을 사용하여 개인용 컴퓨터 간에 데이터를 주고받는 것으로, 현재 인터넷의 전신에
해당한다.

고 해. 학교에선 교내방송을 해서 학생들을 단속했어. '근거 없는 헛소문에 현혹되지 말고 방과 후 곧바로 집으로 돌아가라'라고.

휴거 이틀 전인 10월 26일! 경찰청은 만약의 사태에 대비해 비상경계에 들어가도록 전국 경찰에 지시했어. 신도들의 심상치 않은 움직임을 파악했거든. 다미선교회 신도들이 고향을 방문해서 친지들에게 고별인사를 하는가 하면, 부산 지부에서는 신도 46명이 휴거 이후 교회 재산의 처분방법을 담은 공동 '유언장'을 작성했다는 거야.

경찰은 긴장했어. 휴거가 일어나지 않을 경우 비관한 신도들이 극단적인 행동을 하는 건 아닐까? 대한민국을 충격과 공포에 빠뜨린 오대양 집단 변사 사건*이 벌어진 게 불과 5년 전이었어. 그런가 하면 1978년 남미 동북부의 가이아나에서는 사이비 종교 집단 인민사원Peoples Temple of the Disciples of Christ의 교주와 신도, 합쳐서 무려 900여 명이 독극물을 마시고 자살한 사건도 있었어.

경찰청은 전국의 종말론 교회에 경찰력을 배치하고 신도들의 투신 등에 대비해 옥상 출입문, 창문 등을 봉쇄하도록 지시했어. 한편 다미선교회는 신도 1,200명에게 휴거 당일 마지막 예배에 참석

---

* 1987년 8월 29일 오대양 공예품 공장에서 발생한 집단 자살 사건이다. 종말론을 내세운 사이비 종교에서 운영하던 회사인 오대양의 대표이자 교주였던 박순자와 그 가족, 종업원 등 32명이 집단 자살한 채로 발견되면서 사회에 큰 충격을 안겨주었다.

할 수 있는 출입증을 발급했어. 사람들은 이 출입증을 '천국행 티켓'이라고 불렀어.

휴거 하루 전인 10월 27일 밤, 성산동 다미선교회 앞은 혼잡했어. 휴거 시간을 27일에 28일로 넘어가는 자정으로 잘못 알고 온 구경꾼과 가족들이 몰려와 소동이 벌어진 거야. 몰려든 사람들 중에는 통장과 집문서를 들고 온 사람이 있었어. 25년 지기 친구가 전날 찾아와 700만 원이 든 통장과 집문서를 맡겼는데, 만약 휴거가 일어나지 않으면 바로 돌려주려고 왔다는 거야. 인터뷰가 방송에 나간 후 그는 의리남으로 등극했어.

다미선교회 측은 27일 밤 예배에서 신도들에게 '28일에서 29일로 넘어가는 자정에 모두 휴거될 것이니 마지막까지 동요하지 말라'라고 당부하고, 휴거 당일인 28일엔 소지품을 지니지 말고 예배에 참석하라고 신도들에게 전달했어. 예배를 보고 교회를 빠져나가는 신도들은 긴장되고 흥분된 표정이었어. 운명의 순간은 이제 24시간 후! 그들은 과연 들려 올라갈까?

드디어 운명의 그날이 찾아왔어! 성산동 일대는 낮부터 구경꾼과 취재진, 중계차가 몰려들었어. '정말 지구 종말이 올까' 뒤숭숭한 마음에 찾아온 사람들, 엄청난 구경거리를 놓치지 않겠다는 호기심에 나온 사람들, 사람들 사이를 헤집고 다니는 기자들, 생각은 달랐지만 다들 긴장한 표정이 역력했어.

정희 씨도 교회로 가기 전 마지막 신변 정리를 했어. 쓸 만한 옷을 보따리에 싸서 문밖에 내놨다고 해. 자신은 휴거되고 나면 입을 일이 없으니까 이웃들 가져다 입으라고. 하영이도 잔뜩 긴장하고 있었어. 한동안 휴거 예배엔 가지 못했지만 이날만큼은 무심할 수 없었어. 혹시나 하는 마음으로 집에 일찍 들어와서 TV를 틀어놓고 기도했어. '휴거가 일어날까? 나도 휴거되지 않을까?' 하는 기대를 가지고 있었어.

다미선교회 측은 미처 들어오지 못한 신도와 밖에서 지켜보는 사람들을 위해 휴거 장면을 생중계하기 위해 야외에 대형 TV를 설치했어. 여기에 모여든 사람들의 이목이 집중되었지. 교회 앞에는 예배 시작 한참 전부터 신도들이 줄을 섰어. 현장에는 이들의 모습을 담으려고 조명이 대낮처럼 환하게 켜지고 CNN 등 외신과 국내 취재진이 취재 경쟁을 벌였어. 구경꾼과 신도들의 가족들까지 몰려 일대 교통이 마비될 정도였지. 다미선교회뿐 아니라 '공중 들림'을 기대하며 집회를 가진 전국 160여 개 교회가 비슷한 모습이었어.

오후 8시경! 드디어 신도들이 입장하기 시작했어. 박수 소리가 들리고 그들의 모습을 담으려는 기자들의 카메라 플래시가 쉴 새 없이 터졌어. 어린아이를 업고 안은 젊은 부부, 학생, 노인 등 가족들의 모습이 많이 보였어. 교회 관계자는 그들에게 이렇게 외쳤어.

신도들은 긴장한 듯하면서도 밝은 표정이었어. 환호와 박수 소리, 신도들의 표정이 어우러져 정말 휴거가 일어날 것 같은 분위기였어. 그렇게 1,200여 명의 신도들이 천국행 티켓인 출입증을 가슴에 달고 교회로 들어갔어.

밤 9시. 지상에서의 마지막 예배가 시작됐어. 외부인은 들어갈 수 없도록 교회 입구는 셔터가 내려졌고, 잠시 후 예배 모습이 야외에 설치된 텔레비전을 통해 생중계됐어. 취재진과 구경꾼, 가족들은 그 TV 화면을 올려다보며 운명의 순간인 자정을 기다리고 있었어. 지상에서의 마지막 밤을 보내는 신도들의 찬송과 기도는 그 어떤 날보다 간절하고 열정적이었어.

휴거를 추종하는 다른 교회들에서도 마찬가지였어. 약속의 시간이 가까워 오자 마치 금방이라도 하늘로 올라갈 듯 일어나 벅찬 표정으로 찬송가를 불렀어. 드디어 운명의 카운트다운이 시작됐어. 10초 전, 9초 전, 8초 전, 7, 6, 5, 4, 3, 2, 1 땡!

그날, 그 순간 이후

교회 안은 적막했어. 숨소리 하나 안 들렸어. 누구도 먼저 말을 꺼낼 수 없는 무거운 침묵이 흘렀어. 휴거는… 일어나지 않았어. 그곳에서는 아무 일도 일어나지 않았어.

> 시간이 지났는데도 조용하고. 자정이 분명히 넘었잖아요. 그런데도 아무 일이 안 일어나고 계속 있으니까 "어? 이거 뭐야?" 하고는 말을 못 하는 거예요. 서로 간에. 그러니까는 멘붕 상태가 된 거죠. 그냥 혁, 이거를… 그냥 말을 못 하는 거죠.
>
> — 정희 씨 인터뷰 중

아니, 아무 일도 없었던 건 아니지. 큰 소동이 벌어졌어. "사기다"라며 고함치며 목사의 뺨을 때리고 연단을 뒤엎은 신자도 있었고 성경을 북북 찢어 던지고 이제 정신 차리라며 자식 등짝을 때리며 데려간 어머니도 있었어. 이날 신도들의 반발이 무서워서 경찰에 신변 보호를 요청한 목사도 있었다고 해.

'웃픈' 이야기도 있었어. 다미선교회가 필리핀에도 진출했는데, 이날 2백명의 필리핀 신도들이 모여 휴거를 기다리고 있었다고 해. 자정이 넘어도 휴거가 일어나지 않자 설교자가 이렇게 말했다는 거야.

교통체증 때문에 주님이 늦게 오고 계십니다.

그러면 정작 휴거 소동의 장본인인 이장림 목사는 28일 밤을 어떻게 보냈을까? 구치소 측의 전언에 따르면, 혹시 그가 자해를 기도할까 염려해 교도관 한 명이 이목사가 수감된 독방에 배치돼 밤샘 근무를 했대. 그런데 이 목사는 저녁 식사를 한 후 평소처럼 성경을 읽으며 시간을 보내다 휴거 예정 시간 1시간 전인 23시쯤 취침에 들어갔다지 뭐야.

불과 몇 시간 전에 환한 표정으로 지상에서의 마지막 예배를 보

휴거가 불발된 직후, 흥분한 사람들이 교회 목사를 끌어내고 있다.

러 들어갔던 신노늘은 한참 후에 죄인처럼 얼굴을 가린 채 밖으로 나왔어. 그리고 황급히 돌아갔어. 천국이 아닌 집으로 말이야. 1992년 대한민국을 뒤흔들었던 휴거 소동은 이렇게 의외로 싱겁게 끝났어.

자, '그날' 그 사람들은 이제 제자리를 찾았을까? 이장림 목사는 징역 1년을 선고받았고, 출소 후 개명하고 목회 일을 다시 시작했다는데 지금 행적은 딱히 드러나는 게 없어. 하영이와 정희 씨는 다행히 종말론과 결별하고 잘 지내고 있다고 해. 인간은 왜 종말론에 흥미를 느끼는 걸까? 각자의 상황과 계기가 다르니까 시한부 종말론에 빠지는 이유를 한마디로 설명하긴 어렵지만, 하영이와 정희 씨의 경우에는 삶이 얼마 남지 않았다는 사실에 오히려 위안을 느꼈다고 해.

> 고통에서 벗어날 수 있죠. 지금 처해 있는 삶에서 어려움에서 희망을 볼 수 있죠. 만약에 제가 '평생 살아야 된다'라고 하면, '60년, 70년을 살아야 된다'라고 하면, 앞으로 그렇게 생각하면 60~70년을 계속 버텨야 된다는 생각이 들 텐데 시한부 종말론이 던져주는 건 '이제 3년 남았어' 이러면 '아, 그래. 3년만 있으면 나한테는 큰 기쁨이 오는 거네' 이런 희망을 주죠.
>
>   - 하영 씨 인터뷰 중

엄청 재밌었어요. 거기는 싸우는 사람을 한 명도 못 본 것 같아. 왜 그러냐면 다들 혹시 싸울 일 있을지 몰라도 누르는 거죠. 다 그냥 왜냐면 얼마 안 있으면 끝나니까. 그게 뭐 이렇게 크게 부딪칠 일이 없어요. 서로 양보해요. '아우, 집사님 급하면 먼저 하세요', 막 이렇게 양보를 엄청 잘하고 다 싱글벙글했어요.

- 정희 씨 인터뷰 중

'그날' 이야기를 돌이켜보면서, '오늘' 우리는 종말론을 어떻게 받아들일 수 있을까? 어쩌면 진짜 종말이 없는 건 종말론 그 자체가 아닐까 하는 생각이 들어. 그날이 언제일지 모를뿐, 어차피 인생은 유한한데 내일이 마지막 날인 것처럼 오늘을 사는 건 어떨까?

종말. 들어보긴 했지만 살면서 크게 생각해본 적은 없는 단어. 설마 내가 지구에 사는 동안 그런 일이 있겠어? 단순한 '해프닝'이라고 생각했던 휴거의 세계는 가히 충격적이었다. 그리고 내가 생각하는 그 이상으로 우리 사회는 떠들썩했다. 심지어 우리 제작팀 내에도 그날 그 거리에 나갔던 분도 있었다.

궁금했다. 어떻게 그렇게 맹목적일 수 있었을까? 뭐가 그렇게 간절했던 걸까? 그날 그곳에 있던 다미선교회 사람들의 이야기를 들으며 그 의문이 조금씩 풀렸다.

지금은 어둠의 터널을 지나고 있지만 고통이 곧 끝날 거라는 희망. 휴거가 가져다준 건 아이러니하게도 위로였다. 종말론을 접하면서 '희망'이라는 단어를 발견하게 될 줄은 꿈에도 몰랐다.

하지만 인간의 역사는 반복된다. 언젠가 또 그런 날이 오고, 누군가는 우릴 현혹하려 하겠지만 희망은 맹목적인 믿음에서 오는 것이 아니라 나로부터 온다는 것을 잊지 않기를. 혹여 세상 모든 것이 끝날지라도 언젠가 정말 그런 날이 오더라도, 오늘을 살고 이 순간 행복한 나를 발견할 수 있기를 바란다.

꽃분홍 아지트의 괴물들

지존파 납치 살인 사건

아! 돈이여! 너 때문에 얼마나 많은 슬픈 일이
세상에서 일어나고 있는가.

– 레프 니콜라예비치 톨스토이 Lev Nicolayevich Tolstoy

유난히 사건 사고가 많았던 1994년

1994년 하면 떠오르는 게 있어? 그 시절 뭐 하고 있었어? 가수 '서태지와 아이들*'이 대세였던 시절이잖아. 그들이 입었던 통 넓은 바지나 상표 안 뗀 모자가 엄청 유행했지. 지금 봐도 패션이 무척 파격적인데. 당시 유행을 선도하던 20대를 X세대라고 불렀어.

그런데 그해는 유난히 사건 사고가 많은 해였어. 특히 그거 기억나? 북한의 김일성 주석 사망** 소식이 들려왔던 거. 덕분에 '전군 비상경계령', '휴가 장병 복귀', '방위 퇴근 금지' 등의 조치가 내려지면서 온 나라가 긴장에 휩싸였지.

---

* 서태지와 이주노, 양현석 세 명으로 이루어진 음악 그룹으로 1992년에 데뷔하였다. 1994년에 〈발해를 꿈꾸며〉, 〈교실 이데아〉를 발표했다.
** 1994년 7월 8일 새벽 2시경, 82세의 나이로 심근경색으로 인해 사망하였다.

성수대교 붕괴 사건[*]도 있었어. 출근길에 한강 다리가 두 동강 난 사건! 그 큰 다리가 대체 왜 무너진 걸까. 여러 이유가 복합적으로 작용했지만 주된 원인은 볼트 때문이었대. 사고 이후에 확인해 보니, 설계도와 볼트가 맞지 않기도 하고 볼트 개수도 설계의 20% 정도 부족했다는 거야! 기껏 다리 잘 만들어놓고 고작 볼트 몇 개가 아까워서 수를 줄였다는 거, 이게 말이 돼? '돈'을 쫓아 '고공성장'만 기록하던 그 시절의 어두운 단면이라 할 수 있을 거 같아.

그런데 성수대교가 붕괴되기 한 달 전, 대한민국의 어두운 단면을 보여준 또 다른 사건이 있었어. 무더위가 채 가시기도 전인 그해 9월, 뜻밖의 연쇄 실종사건이 벌어졌어. 그것도 '아이'도 '여성'도 아닌, 건장한 '성인 남성'이 잇따라 실종된 거야! 대체 무슨 일이 있었던 걸까?

---

[*]　1994년 10월 21일 오전 7시 30분, 성수동과 압구정동을 연결하는 다리인 성수대교가 붕괴하여 직장인, 여고생 등 32명이 사망하고 17명이 부상을 당한 사건이다. 사건 당일 새벽, 성수대교를 건너던 몇몇 운전자들이 다리가 덜컹거린다는 신고를 했으나 아무런 조치가 취해지지 않았다.

수상한 실종 사건들

첫 번째 실종자는 서른여섯 살의 밴드마스터 박 씨(가명)였어. 카페에서 기타 연주를 마치고 집으로 돌아갔는데, 며칠 뒤 가족이 실종 신고를 했어. 박 씨가 4일째 연락이 두절돼, 깜깜무소식이라는 거야. 신고를 한 건 1994년 9월 11일이었어. 아마도 경찰들은 단순 가출을 먼저 의심했을 거야. 아이도 여성도 아닌 성인 남성이었으니까. 하지만 신고 다음 날 들려온 소식은 그런 예상을 완전히 뒤집었어. 그는 이미 이 세상 사람이 아니었던 거야.

박 씨가 주검으로 발견된 곳은 산세가 높고, 길이 험한 전라북도 장수군 수분재 계곡 인근 26번 국도였어. 오후 6시경, 제초 작업을 하던 군청 인부들이 국도 절벽 아래에 떨어져 있던 차를 발견한 거야. 박 씨는 그가 타고 나간 고급 승용차 안 운전석에서 숨져 있었어. 그런데 이 소식을 들은 가족들은 뭔가 석연치 않았대. 왜냐면 박 씨가 살던 곳은 경기도 성남이고 일터는 서울이라, 전북 장수엔 딱히 갈 일도 연고도 없었거든.

게다가 가족들은 박 씨의 시신을 본 순가 너무두 이상한 생각이 들었대. 차가 절벽 아래에서 떨어진 채 발견된 것치고는, 시신에 큰 상처나 골절이 없고 비교적 깨끗한 상태였던 거야. 다만 특이했던 점은 얼굴 부분만 이상하게 검게 변색되어 있었다는 거였어. 또 한 가지, 집에서 나갈 때와 달리 옷이 바뀌어 있었는데 발은 맨발이 었던 거야. 그 먼 장수까지 맨발로 운전을 해서 갔다고? 뭔가 이상하지? 혹시 사고가 나면서 신발이 튕겨져 나갔나 하고 현장을 샅샅이 뒤져서 겨우 신발을 찾긴 찾았어. 그런데 오른쪽 신발은 결국 못 찾고 왼쪽 신발만 발견된 거야. 그는 대체 왜 연고도 없는 전북 장수까지 가서 죽음을 맞았을까?

밴드마스터 시신 발견 당시 상황

- 9월 12일 오후 6시경, 전라북도 장수군 번암면 교동리 수분재 계곡 20m 낭떠러지 아래에서, 제초작업을 하던 장수 군청 인부들에 의해 박 씨의 차량과 시신이 발견됨.

- 차량은 번호판만 약간 찌그러지고 깨끗한 상태.

- 차체 내부, 특히 앞 유리에 변사자의 신체와 충격흔이 없고, 사체도 다발성 골절 등 깊은 상처 없이 온전한 상태.

- 특이점은 얼굴이 검게 변색 된 채, 맨발인 상태로 발견.

- 현장에서 왼쪽 신발만 발견, 오른쪽 신발은 사라짐.

- 발견 당시 시신에서 술 냄새가 났다는 목격자의 증언.

이런 여러 가지 수상한 정황에도 불구하고, 결국 경찰들의 판단은 '음주운전으로 인한 사고사'였어! 사고 시에 도로에 발생하는 스키드 마크$^{skid\ mark}$*가 발견됐고, 박 씨의 시신에서 술 냄새가 났다는 정황, 금목걸이 등 소지품은 그대로였다는 점 등을 고려한 판단이었지.

그런데 우연의 일치였던 걸까? 박 씨의 시신이 발견된 그날, 또 하나의 실종 사건이 발생해. 또 남자가 실종됐냐고? 아니, 이번엔 남녀가 함께 사라졌는데, 중소기업 사장인 윤 씨(가명)와 그의 아내가 사라진 거야. 윤 씨는 서울과 울산에서 작은 기업체를 운영하는 중소기업 사장으로 집은 서울이고, 공장은 울산에 있어서 서울과 울산을 바쁘게 오가며 지냈어. 그런데 회사 직원인 장 부장이 경찰서에 실종 신고를 한 거야. 정확히 말하면, 사장 부부가 '납치된 것 같다'라는 납치 신고였어! 매주 화요일이면 늘 첫 비행기로 울산으로 내려와 직원들과 회의를 하던 윤 사장이 9월 13일 화요일엔 울산 공장에 출근하지 않았던 거야. 사장에게서 연락도 없고 무슨 일이 생겼나 싶었는데, 그날 오후 4시경 사장의 카폰$^{Car\text{-}Phone}$**으로 전화 한

---

* 도로에서 빠른 속도로 달리던 차량이 미끄러지거나 회전할 때 발생하는 미끄럼 자국으로, 이를 통해 차량의 속도 및 진행 궤적, 충돌 지점 등을 유추할 수 있다.
** 자동차 내부에 부착되었던 전화 장치로, 휴대전화가 보급되지 않았던 시절 획기적이고 편리한 문물이었으나, 중형차 한 대 가격과 비슷할 정도로 가격이 비싸 중산층이나 부유층이 아니면 사용할 수 없었다.

지존파 납치 살인 사건

통이 걸려와. 그런데 그 내용이 심상치 않았어.

장 부장, 나야. 교통사고가 나서 오늘 회사에 못 갔어.

　　네? 괜찮으세요?

어어, 괜찮아. 근데 내가 도망가다가 잡혔거든.

　　네?!

그래서 말인데, 합의금이 필요할 것 같아.

　　합의금이요? 얼마나요?

한… 1억 정도?

　　1억이요?!

당시 압구정 아파트 전세가가 1억 정도 했을 때니까 합의금으로 1억이면 엄청난 돈이지. 당시 장 부장은 이게 뭔 일인가 했지만, 일단 사장이 시키는 대로 회사 돈을 박박 긁어모았어. 그런데 진짜 영혼까지 싹 끌어모았는데도 8,000만 원밖에 안 되는 거야. 일단 윤 사장한테 전화를 했지. 윤 사장이 전화를 안 받아. 대체 어떻게 된 거지 하던 찰나, 윤 사장에게서 다시 연락이 왔어.

그 돈이라도 가지고 약속 장소로 와

그런데 약속 장소가 아무리 생각해도 이상해. 윤 사장 집은 서울이고, 공장은 울산인데 전라도 광주로 오라고 하는 거야. 윤 사장이 광주에 있을 이유가 없거든. 대체 왜 아무 연고도 없는 광주로 오라는 걸까? 일단 007가방에 8,000만 원을 넣고 약속 장소로 향했어.

윤 사장이 처음에는 광주 시외버스터미널 육교 밑으로 오라고 했거든. 그런데 잠시 후, 광주터미널로 장소를 옮기더니, 다시 시외버스터미널 육교 밑 공중전화 박스 옆에서 만나자는 거야. 뭔가 이상하지? 영화에서 보면 유괴범들이 인질이랑 돈을 교환할 때 꼭 이런 식으로 장소를 계속 바꾸잖아. 결국 세 번이나 장소를 변경한 새벽 1시가 훌쩍 넘어서야 약속 장소에 도착했어.

그때 저 멀리서 윤 사장의 고급 승용차가 다가와. 곧이어 차에서 내린 윤 사장이 걸어오는데, 어라? 뭔가 불안하고 초조해 보여. 게다가 가만 보니… 윤 사장 몰골이 말이 아니야! 이마엔 반창고까지 붙였어. 장 부장이 놀라 뛰어갔지.

사장님, 대체 이게 무슨 일이세요?

납치됐어. 따라오지 마!

윤 사장이 이 말만 남기고 돈 가방만 챙겨서 그냥 가버리는 거야. 남겨진 장 부장은 어안이 벙벙했지. 밤새 아무리 생각해도 윤 사장의 태도가 뭔가 찜찜해. 다음 날, 장 부장은 경찰서에 정식으로 납치 신고를 해. 하지만 당시엔 CCTV도 없을 때라, 부부의 흔적이 잘 발견되지 않아서 사장 부부의 수사는 난항에 빠지게 돼.

그런데 지금 말한 두 사건, 밴드마스터인 30대 남성과 50대 기업인 부부의 실종 사건에는 하나의 공통점이 있어. 뭘까? 힌트를 줄게. 첫째, 1994년 당시 플렉스^{FLEX}의 상징이었어. 둘째, 재벌이나 상류층이 갖고 있던 거야. 잘 모르겠어? 잘 떠올려봐. 방금 했던 두 가지 이야기에 공통적으로 등장했던 '무언가'가 있어. 자, 셋 둘 하나!

그래, 바로 '고급 승용차'야. 두 사건 이야기에 모두 등장했지. 좀 더 정확하게 말하면 그랜저^{Grandeur}라는 차량인데, 차 안에서 사망한 채 발견된 밴드마스터도, 납치된 윤 사장 내외도 모두 이 그랜저를 타고 있었던 거야. 그랜저 차량 알아? 1994년 무렵, 그랜저는 '좀 산다' 하는 사람들이 타고 다니던 차였어. 중형차인 스텔라가 600만 원 정도 할 때니까, 3,000만 원 정도 하던 그랜저 3.0 모델은 국산차 중에서 진짜 내로라하는 최고급 차였던 거야! 일본 만화영화에 나오는 로봇과 이름이 비슷해서 애들은 그랜다이저^{Grendizer}라고 불렀고, 어른들은 각진 차체 외형 때문에 '각 그랜저'라고 불렀지.

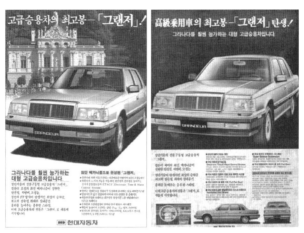

'좀 사는' 사람들의 전유물이었던 각 그랜저의 신문 광고.

아무튼 비슷한 시기의 서로 다른 날 각각 실종된 사람들이 공통적으로 당시의 최고급 승용차를 타고 있었는데, 이게 그저 우연의 일치였을까? 한쪽에서는 돈을 요구했지만 다른 한쪽에서는 돈과 관련된 이야기가 없었잖아. 이 두 사건을 같은 선상에 놓고 보기에는 아직 뭔가가 부족하다는 느낌이 들지? 미궁에 빠진 두 사건을 해결할 중요한 실마리는 의외의 장소에서 나타났어.

다급한 S.O.S

9월 17일 새벽 2시경, 잠복근무를 서던 서초경찰서 강력반장에게 삐삐 한 통이 도착해. 사무실에서 온 연락이었어. 또 무슨 일이 터졌나 싶어 내용을 확인해봤더니, 살인 사건의 피해자가 찾아왔다는 거야! 이게 대체 무슨 소리래? 살인 사건이 일어났는데 피해자가 어떻게 살아서 찾아온다는 말이야? 말이 이상해도 한참 이상하잖아. 일단은 사무실에 갔지. 그랬더니 그 피해자라는 여성이 강력반장을 보자마자 대뜸 이렇게 말했대.

저 좀 살려주세요!

대체 이게 무슨 말일까? 들어봐. 그 순간에 대한 고병천 강력반장의 기억이야.

첫마디가 "아, 저 좀 살려주세요" 이렇게 얘기를 했어요. 그래서 "여기가 경찰서인데 누굴 뭐 살려줍니까?" 그래서 이제 그분 이야기하는 것이, 좀 황당한 이야기를 하는 거예요.
- 고병천 전 서초경찰서 강력반장 인터뷰 중

흙투성이에, 사시나무처럼 떨고 있는 20대 여인 유수정 씨(가명). 그녀의 입에서 나오는 이야기들은 그야말로 허무맹랑한 소설 같았어.

(겁에 질려 속삭이듯) 악마예요, 악마. 걔네들은….
사람을 잡아서 철창에 가두고 죽이고… 흑흑.
　　에이! 아가씨! 아가씨! 여기 경찰서야! 거짓말하면 못 써.

어찌나 영화 같은 스토리만 줄줄 늘어놓는지, 마약을 한 건 아닐까 싶어서 그녀의 팔에 주사 자국이 있는지 확인해보는 형사도 있었대. 그런데 고병천 반장이 신고자의 이야길 듣다 보니, 뭔가 이상하더래. 걔들이 납치해 온 사람 중에 무슨 회사 사장 부부도 있었는데, 8,000만 원이나 뜯어내고도 공기총으로 쏴 죽였다는 거야. 이 말을 듣고 강력반장은 '이거 어디서 많이 듣던 이야기인데' 싶었어. 왜냐면 그날 낮에 신문에서 이런 기사를 봤었거든.

중소기업 사장 부부 피랍
직원에 "8천만 원 가져오라"
돈 받아 범인들과 떠나

앞에서 말했던 윤 사장 부부 기억나지? 듣다 보니 딱 그 부부 얘기인 거야. 하지만 유 씨도 낮에 신문을 봤다면 이 얘기는 얼마든지 말을 꾸며낼 수 있는 거잖아? 그래서 그녀의 말에 반신반의하던 찰나였어. 그런데 유 씨가 말하기를, 그들이 부부 말고 다른 남자도 죽였다지 뭐야. 그것도 전라북도 장수 부근에서 교통사고로 위장해서 절벽에서 떠밀어버렸대! 굉장히 구체적인데, 이 말이 사실일까?

강력반장이 장수 경찰서에 전화를 해봤어. 그런데 글쎄, 최근 비슷한 교통사고 건이 그 지역에서 있었다는 거야! 누구 얘기 같아? 그래, 밴드마스터 박 씨 실종 사건! 언론에 보도도 안 됐고 경찰인 자신도 모르는 얘기를 그녀가 어떻게 알고 있을까? 이때부터 신고자 유 씨의 말에 믿음이 가기 시작한 거야.

그때였어. 어디선가 전화벨이 울리는데. 그녀가 소스라치게 놀라. 그녀 손에 들린 휴대폰으로 전화가 온 거였어. 전화가 몇 번이고 계속 오는데도 그녀가 전화를 받질 않아. 결국 옆에 있던 고병천 반장이 대신 받았는데. 전화 내용이 희한했대.

(음산한 목소리로) 수정아… 수정아…

…?

수정아… 수정아…

…?!!!

뚝… 띠띠띠…

전화를 걸어놓고 아무 말도 없이 신고자의 유 씨의 이름만 계속 부르는 거야. 무섭게. 뭔가 느낌이 싸하잖아. 이 순간 고 반장은 "아, 이거 진짜로 뭔가 있구나!" 싶었더래. 형사의 촉이 딱! 하고 온 거지. 이거 강력 사건이구나!

이때부터 고 반장과 형사들은 본격적으로 그녀의 진술을 받기 시작해! 그런데 그 내용이 상상을 초월했어. 그녀의 말에 따르면 이 연쇄 살인 조직의 이름은 '마스칸'이었는데, 이게 무슨 뜻인지 알아? 그리스어로 '야망'이라는 뜻이래. 황당하지? 아무튼 마스칸은 두목·부두목·행동대장에 세 명의 조직원까지, 총 여섯 명으로 이루어져 있었어. 이들의 목적은 오로지 돈이었는데, 사람들을 납치해서 지하실 감옥에 가두고 돈을 빼앗은 다음 살해해 그 사체를 소각장에서 불태운단 거야.

유 씨가 자기 눈으로 직접 본 피해자만 해도 중소기업 사장 부부와 밴드마스터까지 총 세 명이었어. 그런데 더 놀라운 건 이들이 소총, 도끼 등으로 완전 무장을 하고 있단 거였어. 게다가 경찰이 들이닥치면 언제든 쾅! 자폭할 수 있게 다이너마이트^{dynamite} 20여 개를 아지트 곳곳에 설치해놨단 거야. 어마무시하지? 만약 그녀의 진술이 사실이라면, 정말 엄청난 조직이잖아. 그래서 조심스럽게 이들의 아지트로 한번 가보기로 한 거야.

날이 밝고, 고 반장이 어렵사리 서장님한테 "다녀와!" 하고 허락까지 받았는데 세상에, 아무도 가려고 하지 않더래. 왜? 신고자 유 씨의 얘길 안 믿는 형사들이 여전히 많았거든. 게다가 이거 타이밍이 안 좋아. 바로 이틀 뒤가 추석이었거든.* 형사들도 고향엔 가야 되잖아. 명절 때는 또 차 엄청 밀리는 거 알지? 그러니까 어떤 근거나 확신도 없이 서울에서 이들의 아지트가 있는 전남까지 내려가본다? 아무도 그러고 싶지 않았던 거야. 결국 고 반장과 강폭4반 팀원들까지 일곱 명이서 그들의 아지트로 출동하기로 했어. 이때 고 반장에게 이런 자신감은 있었대.

시작은 미약하지만, 끝은 창대하리!

---

* 1994년의 추석은 양력 9월 20일이었다.

비록 소수이지만 정예 중의 정예인 자신들이 마스칸을 검거할 수 있으리라는 확신이 들었다는 거야. 왜냐? 팀원들이 공수부대, 씨름선수 출신 등의 베테랑들만 모인 최정예요원들이었거든. 한마디로 1994년 경찰계의 어벤져스라고 할 수 있지. 근데 강력반도 아니고 강폭4반이 무슨 뜻이냐고? 이름이 생소하지. 1994년 당시, 강력 사건이 많아져서 신설된 팀이 강폭4반이야. 강력 사건과 폭력 사건을 담당한다고 해서 강폭반이라고 불렀대.

그런데 생각해보니 마스칸 일당도 추석에는 고향에 갈 수도 있잖아. 빨리 가서 확인을 해야 되는데 차는 막히지, 시간은 없지. 마음이 급해져서 도로 대신 갓길로 내려간 거야. 그런데 여기서 또 다른 의외의 복병을 만나게 돼. 갓길에서 만난 의외의 복병, 뭐였을까? 정답은 화장실 급한 사람들! 갓길을 달릴 때마다, 볼일을 보려고 차에서 내리는 사람들 때문에 시간이 더 지체된 거야.

그렇게 조바심 내며 차를 내달린 일곱 명의 어벤져스 팀은 9월 19일 새벽 5시경, 마스칸의 아지트가 있는 마을에 도착했어. 서울을 출발한 게 9월 18일 밤 10시경이었으니까, 7시간이 걸린 거지. 갓길을 골라서 열심히 내달렸는데도 7시간이 걸렸다면, 추석 귀성길 정체가 어느 정도였는지 말 안 해도 알겠지?

악마들을 잡아라

마스칸의 아지트가 있는 곳은 전라남도 영광 안에서도 특히 한적한, 20여 가구 정도만 사는 작고 평화로운 시골 마을이었어. 그곳에 가면 쥐도 새도 모르게 사람을 죽이고 시신을 처리하는 그들만의 살인 공장이 있다고 했는데, 뭔가 이상해. 도착한 곳은 녹색 담벼락에 꽃분홍색으로 곱게 칠해진 그림 같은 집이었어. 시골 할머니댁에 가면 흔히 볼 수 있는 마당 있는 집 있잖아. 게다가 신고자 유 씨에게 듣던 바와 달리 삼엄한 경비는커녕, 어찌 된 일인지 그날따라 "어서 옵쇼" 하는 것처럼 대문이 활짝 열려있더래.

야, 이거 이거…, 똥 밟은 거 아냐?

형사들은 별생각이 다 들었대. 신고자 유 씨의 말만 믿고 귀한 명절에 7시간이나 걸려서 여기까지 내려왔는데, 헛다리 짚은 건 아닐까? 그래도 여기까지 왔는데 뭐 어쩌겠어. '밑져야 본전이다' 하는 생각으로 잠복근무를 시작했지.

한 3시간 정도 지났을까? 망원경으로 계속 그 집을 관찰하고 있는데 아침 8시 30분쯤 되니까 누군가 나와서 스트레칭을 하는 거

일련의 납치 살인 사건을 저지른 범인들의 아지트.

야. '저놈이 그 일당인가' 하면서 보고 있었어. 그때 한 놈이 차를 몰고 나오네? 그래서 그 뒤를 조심스럽게 밟았지! 그런데 여기가 인적이 드문 시골이잖아? 아무리 조심스럽게 미행한다고 해도 외지에서 온 차가 눈에 안 띌 수가 없잖아. 낯선 차가 따라붙으니까 뭔가 수상하다 싶었는지, 갑자기 전속력으로 도망가기 시작하는 거야.

아침 댓바람부터 논두렁 추격전이 시작된 거지. 아, 근데 동네가 떠나가라 시끄럽게 굴다가 다른 조직원들한테 들키면 어떡해! 액셀을 꽉 밟아서 도망치는 포터 꽁무니를 '쾅!' 들이박고 즉시 검거했어. 그렇게 잡아서 추궁하니까, 자기가 마스칸 조직원이 맞다네? 신고자 유 씨의 진술이 모두 사실이었던 거야. 나중에 알고 보니, 이때 잡힌 범인이 마스칸의 부두목 강동은이었어.

부두목도 잡았겠다, 본격적으로 아지트에 남아 있는 마스칸 일당을 잡아들여야 하잖아. 관건은 '다이너마이트가 있는 아지트로부터 이들을 멀리 떨어뜨리는 것'이었어! 집 안에 다이너마이트가 쫙 깔려 있다고 했잖아. 경찰이 그냥 들이닥쳤다가 자칫 잘못해서 대형 폭발 사고라도 일어나봐. 난리 나지. 그래서 작전 하나를 짰어. 오리지널 전라도 사투리를 구사하는 지역 파출소 순경을 섭외해서 이들의 아지트에 전화를 건거야.

강동은 씨 집 맞지요?

그런디요? 멋 땀시 그란다요?

교통사고 나서 병원으로 실려 갔어라.

와서 싸게 강동은 씨 가방 가지고 가쇼.

이들을 아지트 밖으로 빼내기 위해 부두목이 교통사고가 난 것처럼 속인 건데, 역시 사투리가 신의 한 수였는지 크게 의심을 안 하더라고. 자, 이제 곧 있으면 이들이 파출소로 올 거니까. 대비해야 되잖아. 강폭4반을 두 조로 나눠.

1조는 파출소 대기! 2조는 아지트에서 잠복해!

작전에 따라 파출소 앞에서 대기를 했어. 잠시 후 차 한 대가 도착했어. 세 명이 타고 있네. 그런데 어라? 세 명 중에 한 명밖에 차에서 안 내리는 거야!

뭐야, 이거 어떻게 하지⋯ 한 놈만 잡아 말아? 에라, 모르겠다! 잡아! 잡아!

우왕좌왕하다가 차에서 내린 조직원부터 급히 검거했는데, 차 안에서 이 광경을 모두 목격한 두 놈이 눈치를 채고 잽싸게 도주하기 시작한 거야. 그리고 다시 추격전이 시작됐어. 같은 시각, 아지트도 갑자기 소란스러워졌어. 도망가던 놈들이 아지트에 연락을 한 모양이야.

아우⋯ 씨, 어떡하지⋯ 야! 일단 진입해!

2조 형사들이 곧장 아지트를 덮쳤어. 경찰 잠입과 동시에 한 명은 검거가 됐고, 마스칸의 막내는 너무 놀란 나머지 유리창을 깨고

산으로 도망갔는데, 얼마나 급했던지 팬티 바람으로 도망을 간 거야. 잠시 뒤, 대나무밭에 숨어 있는 걸 이웃 주민이 목격하고 곧 검거됐어.

파출소에서 도망치던 두 사람은 어떻게 됐냐고? 시속 140km의 맹속력으로 도주했지만 얼마 못 가 주유소 인근 담벼락을 들이받고 검거됐어. 우여곡절이 너무나 많았지만, 강폭4반 일곱 명이서 부두목 검거를 시작으로 약 2시간 만에 마스칸 일당을 일망타진하는 데 성공한 거야.

형사들은 이들의 아지트를 둘러보기 시작했어. 어라, 신고자 유 씨의 말대로 정말 지하실이 있네? 그런데 어휴, 그 안이 난리도 아니야. 감옥에, 무기고에, 소각로까지 있었어. 게다가 그 소각로 안에 뭐가 있었는지 알아? 두개골!

내려가니까 이제 우리가 유치장처럼 철사로 이렇게 사람이 대기 장소가 있고, 옆에는 벽에 이제 사람 절단하고 할 때 쓰던 칼, 톱이 싹 걸려 있어. 이쪽 아궁이는 안에 재가 있어서 막대기를 가지고 휘저으니까 두개골이 두르륵 두르륵 굴러가더라고. 섬뜩하더라고. 그 다라이, 고무 다라이에 피 묻어 있고. 비닐로 해가지고. 막 그 이상한, 뭐 타다 만 냄새,

꼬리에 꼬리를 무는 그날 이야기

사건 당시, 그 지하실을 둘러본 형사는 그곳에 대해 이렇게 회
상했어. 연쇄살인 조직 마스칸은 정말로 대한민국 범죄 역사상 전
무후무한 놈들이었던 거야.

세상을 뒤흔든 그들, 지존파

꽃분홍 집에 사람들이 어마어마하게 몰려들었어. 엄청난 놈들
이 있다는 소문이 마을에 순식간에 쫙 퍼지는 바람에, 동네 사람들
이며 취재진이며 죄다 찾아온 거야. 며칠 뒤 현장 검증하러 다시 마
을에 왔을 때 인근 동네 사람들까지 모두 찾아왔더래. 인파가 너무
많으니까 앞이 잘 보이지 않을 거 아냐. 나무며, 지붕에까지 올라가
구경을 할 정도였대.

혹시 이들이 누군지 알겠어? 이들이 바로 지존파야. 한 번쯤은
들어본 적 있는 이름일 거야. 그런데 앞에서는 이들을 지존파가 아

니라 마스칸이라고 불렀잖아. 원래 이 조직의 이름은 마스칸이 맞아. 그런데 왜 지존파라고 불렀을까? 우리가 지존파라고 부르게 된 데에는 숨겨진 사연이 있어.

두목인 김기환의 별명이 바로 '지존至尊'이었는데, 아마 홍콩 영화나 중국 영화를 좋아하는 사람이라면 익숙한 단어일 거야. 황제나 임금, 조직 보스를 높여 부르는 말이잖아. 글쎄, 두목 김기환을 비롯한 마스칸 구성원들 모두가 홍콩 영화 덕후였대. 특히 김기환이 유덕화 주연의 영화 〈지존무상至尊無上〉*을 엄청 좋아해서 '지존'이라고 불렸나 봐. 조직에서 훈련을 할 때도 '지존'이라고 써 붙인 머리띠를 매고 훈련을 했대나 뭐래나.

그런데 지금도 마찬가지이지만, 범죄 조직을 검거하면 부를 이름이 필요하거든. 자기네들이 붙인 마스칸이란 이름이 있긴 하지만, 어딘가 입에 착착 안 붙잖아. 그래서 고병천 반장이 조직 이름을 새롭게 붙였어! 그게 바로 '지존파'였던 거야.

야야, 너네 그냥 지존파 해라. 무슨, 마스칸? 야망?
너네가 무슨 야망이냐! 지나가던 개가 웃겠다.

* 홍콩 도박 영화의 시초로, 당시 홍콩 영화 시장을 휩쓸고 있던 누아르 장르와 도박을 접목시켜, 변종 홍콩식 도박 장르의 문을 열어젖혔다.

사건 이후, 범인들의 아지트 앞에 장사진을 이룬 사람들.

아수라장이에요, 완전히 그냥. 경찰서 앞마당에 언론사에서
전부 나와가지고 유리창을 부수고 들어와요. 그리고 막 유
리창 거기다가 막 확성기로 해가지고 막 녹음하고 제가 화
장실을 못 갔어요. 가면 막 전부 다 따라와가지고요. 그래서
아주 그냥 유치장으로 올라가버리고 유치장에서 안 나왔어
요. 거기서 저희가 (지존파랑) 같이 생활을 했죠.

－ 고병천 전 서초경찰서 강력반장 인터뷰 중

지존파 조직원들은 체포 이후 인터뷰에서의 발언으로
다시 한 번 사람들을 충격에 빠뜨렸다.

지존파 때문에 전 세계 언론이 시끌벅적했어. 그래서 사실 경찰
들이 지존파를 조사하는 것보다 과열 취재 경쟁 때문에 더 힘들었
대. 그런데 당시 지존파는 왜 이렇게 논란이 되었을까? 이들이 끔찍
한 범죄조직이어서? 물론 그 이유도 있지만, 지존파가 더 논란이 됐
던 건 검거 이후에 이들이 했던 발언 때문이야. 사람을 여럿 죽이고
도 카메라 앞에서 수상소감이라도 발표하듯, "더 죽이고 싶었는데
못 죽여서 한이 된다"란 말을 해서 모두를 경악하게 만들었지.

세상이 더러워서 그랬습니다. 다 그런 마음을 가진 사람들이
많이 있을 거예요, 세상 지금도. 근데 행동을 안 했을 뿐이

지. 우리는 이런 세상… 다시 살고 싶지 않아서, 이런 생활 못
해서 한번 해본 것입니다. 돈 있는 사람들 그랜저 몰고 다니
면서 흙 튀기고 참…. 그, 사람 그랜저 왜 몰고 다니냐 이 말
이에요. 그랜저 으스대지 말고, 압구정동 야타족…. 내가 이
렇게 가서…. 내 손 안에 못 죽여서 내가 한이, 되게 한이 됩
니다. 내 손에 그 개자식들을 못 죽여서 지금 사회에 볼거리
가 됐지마는, 하…. 이걸 하나도 빠짐없이 방송해주십시오.

- 강동은 지존파 부두목 인터뷰 중

나 진짜 죽일 사람 따로 있었는데 엉뚱한 사람만 죽인 거
같아요. 정말 죽일 사람 못 죽여서 한입니다. 지금. 내 손으
로 못 죽여서 한이 돼요. (사람 고기 먹었어요, 그래서?) 혼자 먹
었어요, 혼자. (왜 먹었어요?) 인간이길 포기하려고. (누구를 못
죽였어요, 누구를. 죽이고 싶었는데.) 잘난 놈들. (네?) 잘난 놈들.

- 김현양 지존파 행동대장 인터뷰 중

그럼 여기서 김현양이, 지존파가 말하는 '잘난 놈늘'이린 누구
를 말하는 걸까?

잘난 놈들에 대한 분노로 악마가 되다

당시 지존파의 타깃은 바로 '야타족'이었어. 이게 무슨 뜻이냐면, 돈 많은 집 애들이 차를 타고 가다가 여자들이 보이면 "야, 타" 이러는 거야. 차에 타라고. 그래서 야타족이라고 불렀어. 그리고 또 하나가 더 있어. 이쪽도 아마 들어본 적 있을 거야. 힌트, 과일 이름에서 따왔어. 색은 주황색에 가깝고 맛은 새콤해. 그래, 정답은 바로 '오렌지족'이야.

야타족과 오렌지족은 당시 부자 부모를 두고 고급 승용차를 몰고 다니며 사치를 즐기는 20대를 지칭하던 신조어였어. 요즘 말로 금수저라고 할까? 강남8학군 출신의 대학생이나 유학생들이 많았는데. 버스나 지하철로 다니는 게 아니라 스포츠카나 외제차 등을 몰고 다니며, 때론 마음에 드는 여성을 차에 태우는 야타족으로 변신했어. 처음엔 압구정 로데오 거리에서 주로 활동해서 '압구정파'라고 불리기도 했는데, 어느 순간부터 '오렌지족'이라 불리게 됐어. 왜 오렌지족이라고 불렀을까? 여기엔 여러 가지 설이 있어.

첫 번째 설, 1994년도에는 오렌지가 수입이 안 될 때라, 먹고 싶어도 못 먹는 과일이었어. 먹을 수 있는 사람은 호텔이나 미군 부대 쪽으로 들어온 걸 빼돌릴 수 있는 부자나 유력인사 정도? 진짜 돈 많은 사람들이나 따로 구해서 먹는 비싼 수입 명품 과일이었던 거야. 그래서 자신들도 오렌지처럼 향기롭고, 귀하단 뜻에서 직접 이름을 그렇게 붙였단 설이 있어.

외국산 오렌지 국내 첫 시판
美캘리포니아産 13일 시판 개시
WTO체제 시장 의무 개방분 수입

　　　　　　　　　　　　　-《연합뉴스》1995년 3월 13일 자

두 번째 설, 차를 길가에 세워둔 채로 지나가는 사람들을 보고 있다가 마음에 드는 여자를 발견했다! 그러면 주머니에서 딱 꺼내는 거야! 뭘? 오렌지를! 그리고 이렇게 말하는 거지.

오렌지주스 한잔 하실래요?

그때는 생과일주스도 잘 안 팔 때였어. 그러니 귀한 오렌지로 만든 생과일주스는 더 귀했겠지? 생과일주스용 오렌지를 건네면서 헌팅을 해서 오렌지족이라고 불리게 됐단 이야기도 있어.

세 번째 설, 캘리포니아의 오렌지카운티로 도피성 유학을 간 학생들이 많았는데 이들이 한국에만 오면 꼭 사고를 치니깐, 오렌지 카운티의 오렌지를 따서 오렌지족이라 불리게 됐다는 설도 있어.

아무튼 이들에겐 차가 자신들의 신분을 나타내는 중요한 수단이었어. 재밌는 건, 차나 재력에 따라서 서열을 나누고, 그 서열에 과일 이름을 붙였다는 거야. 그랜저나 쏘나타를 모는 최상위 그룹은 오렌지족, 르망이나 스쿠프를 타는 그다음 그룹은 귤족이라고 불렀어. 그러면 그 아래, 프라이드나 여타 중고차를 타는 그룹은? 탱자족이나 낑깡족이라고 불렀어.˙

그럼 자가용이 없으면? 사람 취급도 못 받았겠지. 2020년의 수저 계급론과 비슷하지? 요즘은 부모의 재산이 어느 정도 있냐에 따라, "뭘 물고 태어났네" 하면서, '금수저', '은수저', '흙수저' 이렇게 나누잖아. 차를 기준으로 사람 서열을 매기는 이런 시선이, 지금 얘기할 사건의 핵심이야. 무슨 사건일까?

1994년도에 있었던 그 사건 혹시 기억나? 소위 말하는 '건방지게 프라이드 사건' 말이야. 1월 17일 새벽 그랜저 한 대가 강남 도산대로를 달리고 있었어. 20대 부잣집 자제들이 나이트클럽에서 만난 여성과 2차를 가기 위해 이동 중이었지. 그때, 그 앞으로 프라이드

˙   《서울신문》 1994년 1월 23일 자 기사 참조.

한 대가 들어온 거야.

아, 뭐야! 저 프라이드 새끼가 어디서 건방지게 껴들어?! 야, 이
새끼들아! 뭘봐! 내려!

그랜저 차량 앞으로 건방지게 끼어들며 흘겨봤단 이유로 그랜저
에 타고 있던 운전자와 그 동승자가 프라이드에 타고 있던 사람들
을 밖으로 끌어내, 도로변에 있던 벽돌과 화분으로 집단폭행한 사
건이야. 이 일로 프라이드 차량에 타고 있던 한 명은 뇌수술을 받아
야 했고 또 다른 한 명은 전치 4주의 중상을 입었어.

뒤늦게 이 사건의 가해자들이 오렌지족이란 사실이 밝혀지면서
논란이 됐는데, 특히 가해자 중에 모 재벌 그룹 부회장의 아들과 3
공 시절 중앙정보부장을 지낸 전직 고위층의 손자가 포함돼 있어서
사람들의 공분을 더 크게 샀지. 당시 오렌지족은 소비의 대명사로
꼽힐 만큼, 지나친 소비와 유흥 때문에 사회의 지탄을 많이 받았어.
더욱이 그 무렵, '건방지게 프라이드 사건'을 비롯한 여러 사회 문제
를 일으키면서 공공의 적이 돼.

그 시절 과천 서울대공원에는 "수입 오렌지족의 입장을 사양합
니다"라고 적힌 팻말이 붙었어. 말꼬랑지 머리를 한 남자, 귀고리를

과천 서울대공원에 붙은 '오렌지족' 출입 금지 팻말.

한쪽만 한 남자, 일부러 우리말을 서투르게 하는 남자, 영어 반 우리
말 반 섞어 쓰는 사람, 20대이면서 외제 고급 승용차를 타고 다니는
남자….

　이렇게 오렌지족의 특징을 하나하나 꼬집으면서 출입금지 팻말
을 설치해놨을 정도면, 당시 여론이 얼마나 들끓었을지 알겠지? 지
존파 역시 이들에 대한 엄청난 적개심이 있었어. 풍족하고 사치스러
운 삶을 누리던 오렌지족과는 달리 이들은 낑깡족에도 끼지 못하는
'흙수저'였으니까!

　지존파 여섯 명은 어릴 적부터 가정 형편이 어려워, 일찍이 공사
판에 뛰어들어 막노동 등을 하며 먹고살던 이들이었어. 1993년 무
렵, 도박판에서 우연히 만나게 된 이들은 서로 친분을 쌓게 된 이후

로 서로 형님, 동생 하는 사이로 지내고 있었어. 그러던 어느 날, 한 뉴스를 보고 분개하면서 똘똘 뭉치게 된 거야. 바로 '1993년 대학입시 부정사건'*이야. 당시 이 사건이 언론에 연일 보도되고 있었거든. 대학입시 대리응시 사건뿐만 아니라, 모 대학교 총장의 친인척들이 학력고사 성적을 조작해 수년간 부정입시를 저질러온 사실이 뒤늦게 밝혀지며 온 나라가 시끌시끌할 때였어. 이들은 이 뉴스를 보고 분개해서 "부유층을 납치해, 몸값으로 돈을 벌어보자"라고 의기투합하면서 지존파를 결성하게 된 거야. 당시 처음 결성 제의를 한 건 두목 김기환이었는데, 그는 재판장에서 나오며 이런 말을 남겼어.

전두환 노태우는 무죄인데! 나는 왜 유죄요!
이건 세상 법이 ○같은 것이요!

어라, 이거 어디서 많이 들어본 말인 것 같은데? 1988년 지강헌 사건의 "유전무죄, 무전유죄"를 의식한 것 같은 발언이지? 실제로 두목 김기환은 지강헌을 동경했었대. 아무튼, 그는 나름 지존파 내에서 의식이 있는 인물로 조직원들에게 칭송받았어. 당시 부두목

---

* 국립교육평가원의 장학사가 모 사립대 재단 이사장의 딸에게 학력고사 해답을 유출한 사건으로, 고교 시절 최하위권이던 학생이 학력고사에서 전국 수석을 차지하면서 의혹을 샀다.

이었던 강동은이 그에 대해 남긴 말을 보면 김기환이 조직에서 어떤 존재였는지 알 수 있어.

> 저희 고향 선배로서 나이가 제일 많고 저희가 지존으로 모시고 있는 사람으로, 모든 것을 잘하기 때문에 지존으로 모시고 있는 겁니다.

다른 조직원들은 대부분 20대 초반이었지만 두목 김기환은 스물일곱 살로, 나이가 제일 많았어. 그런데 그가 조직 내에서 브레인 역할을 맡게 된 건 나이 때문만은 아니었어. 사실 그는 머리가 좋고 비상했거든. 게다가 바둑·글짓기·목공 등 다방면에서 재주가 뛰어나, 다들 그를 지존으로 모시고 따랐던 거야. 그 역시 다른 조직원들처럼 어려운 환경에서 자랐지만 어릴 때부터 머리가 좋고 똑똑했어. 초등학교 때는 반장도 하고 6년 내내 우등상을 받을 정도였으니까. 중학교 땐 전교생 148명 중 5등도 했었대. 하지만 집이 가난해서 학교를 관두고 일을 할 수밖에 없었어.

악마가 되어가는 지존파의 행보

첫째, 돈 많은 자들을 증오한다.

둘째, 각자 10억 원을 빼앗을 때까지 범행을 계속한다.

셋째, 조직을 배반한 자는 지옥 끝까지라도 따라가 죽인다.

넷째, 여자는 어머니도 믿지 마라.

- 지존파 행동강령

자, 조직을 결성했으면 일단 규칙이 필요하잖아. 자기들끼리 나름의 강령을 만들었어. 내용도 상당히 흉흉하지? 그다음, 조직이 움직이려면 뭐가 필요하겠어? 무기? 차? 아지트? 이 모든 걸 하려면 뭐니 뭐니 해도 머니^money! 돈이 필요하잖아. 지존파는 범죄 자금을 마련하기 위해 1993년 5월에서부터 11월까지, 6개월간 무더위도 아랑곳않고 아파트 공사장 등 막노동을 해서 열심히 돈을 모아. 그러면서 예행연습에 들어가는데, 무슨 예행연습일까? 그래. 바로 살인 예행연습이었어.

1993년 7월 새벽, 조직원 몇 명이 버스정류장 부근을 걸어가는 20대 여성을 납치해 성폭행을 저질렀어. 사실 이때까지만 해도 다들 폭력이나 절도 전과만 있었을 뿐, 조직원 중 그 누구도 살인을 해본 경험은 없었어. 그런데 이때 지존인 두목이 먼저 나서서 본보기를 보이겠다며, 그 여성을 목졸라 살해한 거야! 그때 그는 이런 말을 했대.

사람은 이렇게 죽이는 거야.

이 말을 들은 조직원들은 어떤 느낌을 받았을까? 공포심, 아니면 경외감? 그것도 아니면… 양쪽 다? 그렇게 첫 번째 살인을 저지르고 다 같이 시체를 암매장했어. 이젠 모두 빼도 박도 못하는 공범이 된 거야. 피해 여성은 오렌지족도 부잣집 딸도 아니었어. 그저 평범한 시골 여성이었는데 지존파의 살인 연습에 희생양이 된 거야. 그런데 이 사건 직후, 지존파 조직원 중 한 명이 도망을 쳤어. 조직원 중 가장 막내였던 열여덟 살 송 씨였는데, 그는 여성을 살해한 이후 매일 밤 귀신이 나오는 악몽에 시달렸대. 죄책감 때문이었겠지? 얼마나 무서웠겠어. 결국 몰래 도망쳐 나온 거야.

이쯤에서 지존파가 제일 처음 만들었다는 강령을 다시 떠올려보자. 그중에 뭐가 있다? "조직을 배반한 자는 지옥 끝까지라도 따라가 죽인다", 바로 이거야. 이 강령에 따라 지존파 일당은 그를 죽이기로 결정하곤, 친척 집에 숨어 있는 송 씨를 찾아냈어. 송 씨에게 접근한 일당은 두려움에 떠는 그를 살살 달래며 불러냈어. "힘들어

하는 거 다 이해해, 같이 개나 잡아먹자"라면서 꼬여낸 거야. 그런데 그렇게 나온 송 씨를 다 같이 폭행하곤, 곡괭이 등으로 잔혹하게 살해해 암매장했어. 이들이 처음으로 저지른 집단 살인의 희생양은 과거의 동료였던 거야. 더 끔찍한 건 조직원 송 씨를 살해하고 암매장한 뒤에, 다 같이 저수지 부근에 가서 개를 잡아서 희희낙락하며 먹었다는 거야. 이 일을 계기로 남은 지존파 구성원들 간의 결속력은 더 끈끈해지게 돼. 이걸 대체 어떻게 이해해야 할까. 그런데 나중에 두목 김기환이 재판장에서 뭐라고 한 줄 알아?

하루에 개 두 마리를 잡은 것에 불과하다.

어쩌면 이들은 이때 돌아올 수 없는 선을 넘은 게 아닐까? 인간임을 포기하고 점차 악마가 되어갔던 거지.

꽃분홍색 살인 공장에서 움트는 살인 계획

두목, 지존의 지휘 아래 똘똘 뭉친 지존파 여섯 명은 6개월간 착실하게 모은 돈 2,000만 원가량을 가지고 그의 고향으로 내려왔어. 지존의 어머니에게 새집을 지어드리겠노라 거짓말을 하고 그녀를 이웃 마을로 보냈지. 그리고 1994년 5월에서 8월까지, 약 3개월에 걸쳐 지은 게 그 꽃분홍색의 집이야. 자기들끼리는 이곳을 '아방궁阿房宮'*'이라고 불렀대. 아방궁이 원래 누구의 궁전이야? 진시황**이잖아. 두목을 지존으로 모시던 지존파다운 이름이지 싶어.

아무튼 여섯 명이 전부 공사장에 잔뼈가 굵은 터라, 이 정돈 집을 짓는 건 식은 죽 먹기였대. 슬래브slab식 집 지하에 철제감옥과 무기고, 사체 소각장까지…. 완전 범죄를 위한 살인 공장을 완성한 거야! 그런데 마을 사람들은 왜 이런 사실을 전혀 몰랐을까? 이런 작은 마을에서는 서로 집에 숟가락 몇 개인 것까지 다 아는 경우가 많은데 말이야. 이 까닭은 아방궁의 철두철미한 보안 때문이었어. 아방궁 설계는 모두 지존의 머릿속에서 나왔는데 콘셉트가 '평범을 가장한 은폐'였거든. 덕분에 마을 사람들이 이곳을 수상하게 여기거나 의심하지 못했어.

처음 이 집에 들어가는 사람은 아무리 둘러봐도 살인 공장을

---

* 　진시황이 세운 궁전으로 셴양과 웨이수이 부근에 있었다. 산시성의 아방촌에 그 유적이 남아 있다. 건설 도중에 진나라가 멸망하면서 미완성으로 끝났다.
** 　중국 전국칠웅의 한 축이었던 진나라의 제31대 왕이자 제1대 황제로, 중국에서 등장한 최초의 황제이다. 분열된 중국을 통일하고 법가에 기초한 제도를 정비함으로써 중국 황조의 기본 틀을 만들었다.

찾을 수 없을 거야. 왜냐? 들어가는 입구가 안 보이니까. 입구가 어디 있냐면 차고에 있었거든. 차고는 쉽게 눈에 띄지 않느냐고? 그렇지. 그런데 차고 밑바닥에 출입문을 만들어놓은 거야. 그래서 차가 차고에 서 있으면 그 문을 쉽게 찾을 수 없는 거지.

그럼, 살인 공장으로 한번 들어가볼까? 보면서 한번 머릿속으로 상상해봐. 차를 빼고 바닥을 보면, 철제로 된 비밀 뚜껑이 있어. 그 문을 힘겹게 들어 올리면, 그 밑에 지하실이 있고 나무계단이 보여. 아주 음산하고 컴컴해. 조심조심… 나무 계단을 내려가. 그러면 뭐, 아직까진 평범해. 눈에 띄는 건, 아주 새빨간 철문 두 개야. 정면과 오른쪽에 각각 하나씩 있는데, 먼저 오른쪽으로 돌아서 빨간 철문을 끼이익… 열면 쇠창살 감옥이 있고, 또 다른 빨간 철문을 열면… 이상한 냄새가 진동을 해. 여기가 바로 사체 소각장이야.

대체 누가 상상이나 했겠어. 평범해 보이는 꽃분홍색 시골집에 이런 끔찍한 살인 공장이 있을 거라고. 정말 섬뜩하지 않아? 벽 색깔도 지존이 다 지정해준 거였더라고. 아무도 이곳이 살인 공장임을 눈치채지 못하도록.

그런데 한창 아지트 건설에 열을 올리며 준비를 착착 해나가던 도중, 뜻밖의 문제가 생겨. 두목, 지존이 갑자기 감옥에 가게 됐어. 지인의 집에 놀러 갔다가 지인의 조카를 성폭행했던 거야. 두목이

살인 공장 아방궁의 전경. SBS〈꼬리에 꼬리를 무는 그날 이야기〉자료 화면.

범인들이 사용한 사체 소각로. SBS〈꼬리에 꼬리를 무는 그날 이야기〉자료 화면.

교도소에 갔으니 이를 어째? 이대로 악마들의 계획이 무산되었다면 얼마나 좋았을까. 하지만 자기들도 걱정했던 것과 달리, 별문제가 없었대. 왜냐? 감방에서 하나하나 지시를 내렸다는 거야. 이때부터 지존파는 두목의 옥중지령을 받아 움직이기 시작했어.

감옥에서 교도관들이 다 지켜보고 있는데, 지령을 어떻게 내릴 수 있냐고? 비둘기를 날렸겠지. 실제로 살아 있는 비둘기를 날려서 전서구傳書鳩를 주고받았다는 얘기는 아니야. 감옥에서 죄수들끼리 자기들만의 암호로 얘기하는 걸 '비둘기 날린다'라고 하는데, 면회 때 쪽지를 주고받거나 했겠지? 그리고 사실 이때까진 지존이 요주의 인물이 아니었기 때문에, 교도관들도 별 관심을 갖지 않았을 거야.

그렇게 도착한 지존의 첫 번째 지령은 "각종 무기를 수집하라"라는 거였어. 강력 범죄를 준비하려면 당연히 무기가 필요하잖아. 지령에 따라 가스총, 도끼, 전자충격기 등은 지인을 통해 청계천에서 구입하고, 다이너마이트는 두목 김기환이 탄광 일을 할 때 몰래 빼돌린 걸 사용하기로 했어. 그렇게 모은 무기가 무려 총 18종에 70여 점에 달했어. 차근차근 사전 준비를 해나가던 와중, 지존의 두 번째 지령이 도착했어.

고급 승용차 탄 사람을 무조건 납치해 돈을 뜯어낸 뒤 죽여라

'고급 승용차 탄 사람'을 노리라는 부분에서 야타족, 오렌지족에 대한 이들의 뿌리 깊은 원망과 분노가 느껴지지 않아? 지존파 일당은 두목의 지시에 따라, 돈 많은 이들이 사는 서울로 향했어. 고급 승용차를 찾아 헤매기를 3일째 되던 날, 드디어 표적을 발견한 거야.

시작된 비극

9월 8일 새벽, 경기도 양평 인근의 인적 없는 좁은 도로 위를 차 한 대가 달리고 있었어. 멋들어지게 각이 잡힌 각 그랜저야. 차에는 두 명의 남녀가 타고 있었어. 지인들을 만나기 위해 함께 약속 장소로 이동하는 중이었지. 그런데 저 멀리 웬 승용차가 길을 가로막고 있어. 놀라서 급브레이크를 밟았지!

"쟤넨 대체 뭐지?" 하고 살펴보려는 순간이었어. 짧은 머리의 남자 셋이 어둠 속에서 달려오네? 그때, 열려 있는 차창으로 누군가 가스총을 '탕!' 쏘는 거야. 너무 놀라 비명을 지르는데, 이번엔 얼굴로 주먹이 날아왔어. 그러곤 기억을 잃었는데, 한밤중 차량을 습격한 이 괴한들의 정체가 뭐겠어? 그래, 바로 지존파였어! 정신을 다시 차렸을 땐 테이프에 손발이 결박된 채, 화물차에 실려 어딘가로

가고 있었어. 어디랄 것도 없지. 지존파의 아지트, 살인 공장 '아방궁'으로 끌려가고 있었던 거야.

지존파에게 납치된 두 명의 남녀 중, 여자는 우리가 이미 알고 있는 인물이야. 기억나? 서초경찰서를 찾아와 살려달라며 도움을 청한 그녀. 그래, 신고자 유 씨였어. 그녀와 함께 있다가 납치된 남자는 누군지 감이 와? 실종된 후, 벼랑 아래의 차량 안에서 숨진 재 발견된 남자 있잖아. 그래, 음주운전 사고사란 오해를 받았던 바로 그 사람, 밴드마스터 박 씨였어. 그런데 여기에서 지존파도 예상치 못했던 문제가 또 발생해. 젊은 밴드마스터가 돈이 있으면 얼마나 있겠어? 기타나 악기를 싣고 다닐 용도로 오래 굴린 구형 그랜저를 중고가 700만 원에 구입한 거였는데. 당연히 돈이 있을 리가 없잖아.

오렌지족도 아닌, 돈 없는 서민을 잘못 납치한 거면 풀어줘야 하지 않느냐고? 아니, 살려둘 수 없었어. 이들을 살려 보냈다가는 범행 사실이 드러날 텐데, 그럴 이유가 없지. 아마 박 씨는 살려달라고 애원했을 거야. 하지만 자신들의 얼굴을 본 이상 반드시 죽여야만 했어. 이들은 밴드마스터에게 술을 잔뜩 먹였어. 같은 시각, 다른 감옥 방에서 자신의 차례를 기다리고 있는 유 씨를 한 조식원이 불렀어. 행동대장 김현양이었어.

살고 싶어? 그러면 시키는 대로 해

유 씨를 박 씨가 술에 취해 쓰러져 있는 감옥으로 끌고 와서는 겹겹이 싸인 비닐봉지를 건네는 거야. 박 씨의 얼굴에 씌우래. 당연히 가만히 있었지. 그러자 옆에 있던 다른 조직원이 흉기로 위협하면서 협박을 해. 같이 죽고 싶냐고, 빨리 씌워서 죽이라고. 이런 곳에 끌려 온 것도 너무나 끔찍한데, 지인까지 죽이라니 너무 참담하잖아.

"죽이느냐, 내가 죽느냐⋯" 어떻게 해야 되나⋯ 한참 고민 끝에 떨리는 손으로 비닐을 씌우긴 씌웠어. 그러고도 그녀가 계속 망설이자, 끝내 비닐봉지에 억지로 손을 가져다 대게 해. 결국, 그날 그녀는 공범이 됐고, 질식사한 박 씨는 교통사고로 위장돼, 차와 함께 절벽 밑으로 떨어졌어. 지인의 죽음을 옆에서 지켜보는 것만으로도 힘들텐데, 억지로 범행에 가담까지 해야 했던 그녀는 대체 어떤 심정이었을까?

돈 없는 이들을 표적으로 잘못 고르는 바람에, 시간만 허비한 이들은 금세 초조해졌어. 그래서 박 씨 사망 이틀 뒤, 새로운 범행 대상을 물색하기 위해 다시 서울로 떠나. 여기에는 공범이 되어 살아남은 유 씨도 함께였어. 왜 유 씨를 데리고 다니느냐고? 행동대장 김현양이 그녀를 조직원으로 들이고 싶어 했거든. 여자가 있어야 사람들의 의심도 덜 사고, 역으로 호감을 얻기도 쉽다는 게 그 이유였어. 하지만 당연히 그녀의 생각은 달랐지. 그녀는 지존파의 조직원이 될 생각이 전혀 없었거든.

여기서 탈출하고 말 거야…!

다시 지존파 일당이 한참을 달려 도착한 곳은 공동묘지였어. 추석을 앞두고 벌초를 하는 사람들이 많았거든. 벌초하러 갈 때, 당연히 차를 끌고 갈 거 아냐. 그래서 공동묘지에서 범행 대상을 물색한 거야. 그때, 묘지 한 귀퉁이에서 고급 승용차를 발견해. 그런데 사람은 안 보이고 차만 세워져 있는 거야. 곧장 차에서 내려서 주변을 둘러봤는데. 한 중년 부부가 인근에서 벌초를 하고 있네? 고급 승용차는 바로 이들 부부의 차였어. 이들 부부 누군지 알겠지? 앞에서 얘기했던 윤 사장 부부야.

지존파는 이들을 납치해, 1억 원을 내놓으라 협박했어. 그래서 윤 사장은 회사에 연락해 어렵게 마련한 돈 8,000만 원을 건네줬던 거야. 근데 이 돈이 무슨 돈인줄 알아? 회사 어음을 막으려던 돈이었어. 윤 사장 부부도 부자가 아니었거든. 그는 공고를 나와 자수

성가한 기업인이었는데. 최근 경영난을 겪고 있던 회사를 인수해, 번듯하게 키워보려고 노력 중인 상황이었어. 지존파는 불공평한 세상에 대한 반발로 잘사는 이들의 돈을 빼앗겠다 했었지? 하지만 실상 열심히 사는 이들만 억울하게 납치된 거였어. 그래도 윤 사장 부부는 이들에게 돈만 건네주면 살 수 있을 거라고 생각했던 것 같아. 윤 사장이 살해당하기 전, 지존파에게 쓴 편지가 있어.

저도 근근이 마련한 회사이오니 꼭 살려서

어엿한 중소기업으로 만들어야 하지 않겠습니까?

이번 15일 날, 돈을 막지 못하면 부도 위험이 있습니다.

(…)

원하는 방법대로 다 하고, 또 돈은 벌면 되니까

그리 아까워하지 않겠습니다. 경찰에도 알리지 않겠으니,

제 아내와 딸들을 해치지 않겠다고 약속해주시오. 부탁드립니다.

- 윤 씨가 지존파에게 쓴 편지

윤 사장 부부에겐 중학생 딸이 두 명 있었는데, 만약 부부가 이곳에서 죽어버리면 두 딸만이 세상에 남겨지는 상황이었어. 그래서

더 간절했겠지. 지존파 일당은 윤 사장의 편지를 읽고, 이들을 살려줘야 하나 잠시 고민에 빠져. 그래서 이들이 지존의 지시를 받기 위해 교도소에 면회를 다녀오는데, 지존이 뭐라고 했겠어?

불쌍하지만 죽여라. 조직을 위해 살려둘 수 없다.

이 이야기의 결말이 벌써 짐작이 가지? 그날 밤, 살인 공장에서 두 발의 총성이 울려 퍼졌어. 윤 씨 부부를 향해 이들이 공기총을 쏜 거지. 왜냐? 이들의 얼굴을 봤으니까. 아무리 불쌍해도 범행 사실을 아는 사람을 놔줄 수는 없었던 거야. 그런데 이때도 행동대장 김현양이 신고자 유 씨를 범행에 가담시켰어. 밴드마스터를 살해할 때와 마찬가지로 방아쇠에 손을 대고 당기게 해.

피해자인 동시에 두 번이나 살인에 가담한 가해자가 되어야 했던 유 씨. 그녀는 얼마나 참담한 심정이었을까. 죽느냐, 죽이느냐 하는 최악의 선택지만 있는 상황에서 그녀가 뭘 할 수 있었을까? 윤 사장 부부가 잔혹하게 살해당하는 모습을 보며, 그녀는 한 번 더 삶에 대한 의지를 불태워. 여기서 반드시 살아나가겠디고, 그래서 이들의 잔혹한 행위를 만천하에 알리겠다고 말이야.

그때부터 지존파 일당의 신뢰를 얻기 위해, 반찬이나 김치 등을 해주고 그들의 일에 협조하는 척 행동하며 기회를 엿봐. 덕분에 지존파 조직원들이 그녀에게 마음을 열기 시작하는데, 특히 행동대장 김현양이 그녀를 마음에 뒀던 것 같아. 사건 직후, 그녀를 왜 살려줬냐는 어느 기자의 물음에 그는 이렇게 답했어.

우리 멤버로 만들려고요. 걔를 강하게 키우고 싶었어요, 로봇으로. 근데 마음을 열어줬는데. (그 여자를 사랑했어요?) 우린 사랑하면 안 돼요. 평상시 애인도 사귀면 안 되고. 무슨 사랑이에요. 사랑이 밥 먹여줘요? 사랑해선 안 돼요.

- 김현양 지존파 행동대장 인터뷰 중

뭐, 열 길 물속은 알아도 한 길 사람의 속은 모른다고, 납치범의 마음을 어찌 알겠어! 어쨌든 행동대장이 그녀의 유일한 보호막이자 희망이었지. 그런데 한 조직원이 "그녀를 하던 대로 처리해야 한다"라며 행동대장의 의견에 반기를 들어. 지존파의 네 번째 강령 기억나? "여자는 어머니도 믿지 마라". 유 씨를 살려두는 건 강령에 위배된다는 거였어. 결국 그날 밤, 그녀를 사이에 두고 다툼이 벌어져. 그 다툼 끝에 행동대장 김현양이 부상을 입어. 머리가 찢어진 거지. 그런데 그의 머리 부상이 그녀에겐 일생일대의 찬스였대. 왜냐고?

머리가 찢어졌으니 꿰매러 병원에 가야 되잖아!

목숨을 건 14시간, 끝나지 않는 고통

유 씨에겐 다음 날 아침, 그와 단둘이 외출할 수 있는 기회가 생겼어. 아지트에서 출발해 병원에 도착할 때까지 그녀의 머릿속은 온통 "언제 도망가지?" 하는 생각뿐이었대. 그런데 그녀의 이런 생각을 김현양이 눈치챈 걸까? 진료실 앞에서 갑자기 그가 의미심장한 말을 던지는 거야. 아주 깍듯한 존댓말로 말이야.

도망가고 싶죠? 도망가고 싶으면 도망가보세요.

농담 같은 진담. 그녀에겐 그 말이 "도망쳐봐라, 가만 안 둔다"라는 말로 들리더래. 잠시 후 김현양은 자신의 핸드폰과 가방을 그녀에게 맡기고 진료실로 향했어. 게다가 진료실 문이 닫히기 직전, 그녀를 돌아보고 씩 웃더래! 이 순간 그녀의 머릿속엔 오만 가시 별별 생각이 막 스쳤어. 혹시 지금 이거 조직원 테스트 같은 건가? 나를 시험하려고 밖에서 누가 감시하고 있는 거 아냐? 망설여졌지만 오늘이 아니면 영영 탈출의 기회가 오지 않을 것 같았어. 진료실 문이 닫히자마자 벌떡 일어나, 뒤도 돌아보지 않고 밖으로 뛰쳐나가 곧장 택시에 올라탔지!

아저씨! 아저씨! 무조건 여기서 좀 빠져나가주세요, 빨리요!

심장이 막 쿵쾅거렸겠지. 제정신이 아니었을 거야. 빨리 여기서 벗어나야겠단 생각뿐이었겠지. 그런데 택시기사가 태연하게 왜 그러냐고 묻더래. 다급한 마음에 "납치됐다가 지금 도망쳤거든요. 제발 빨리 좀 가주세요"라고 했지. 그랬더니 택시기사가 짐짓 놀란 듯하면서, 태연하게 "아니, 우리 동네에 그런 놈들이 있어? 후배들 내가 다 아는데, 대체 누구야?"라고 하는 거야. 이 말이 그녀에게는 엄청난 공포로 다가왔대. 동네 사람들 얼마 되지도 않는 작은 시골 마을이잖아. '동네가 좁아서 알음알음 서로 알 수도 있겠구나, 잘못하다가는 그 악마들에게 내 위치가 고스란히 노출될 수도 있겠구나'라는 생각에 엄청 겁을 먹은 거야.

곧장 택시기사에게 아무 데서나 내려달라고 하곤, 포도밭 농가로 숨어들었어. 거기 평상 하나가 있었는데. 밤이 될 때까지 꼼짝 않고 숨죽여 있었던 거지. 그리고 어둑어둑해졌을 무렵, 밖으로 나온

338

꼬리에 꼬리를 무는 그날 이야기

그녀는 포도밭 주인에게 사정사정해서 차를 얻어 타고 서울로 출발해. 그런데 이 와중에도 지존파 일당이 자신을 찾아낼까 싶어서 차 뒷좌석도 아닌, 차 바닥에 누워서 이동했대. 얼마나 무섭고 두려웠으면 그랬을까? 그렇게 그녀는 영광에서 서울까지 14시간의 조마조마한 사투 끝에, 서초경찰서에 있는 고병천 반장을 만나게 된 거야.

그 무렵 지존파는 영광경찰서 앞에서 그녀가 오나 안 오나 지켜보고 있었대. 도망쳐서 신고를 하려면 가까운 영광경찰서로 올 거라고 생각한 거지. 경찰서 앞에서 무려 3일간을 지켜봤는데 아무 일 없다는 듯 조용해. 그래서 이들은 그녀가 신고하지 않겠거니 생각하고 안심하고 돌아갔대. 왜냐면 그녀도 일단은 범행에 가담한 공범이었으니까. 만일 유 씨가 영광경찰서로 갔다면 어떻게 됐을까? 그녀가 탈출해서 서울로 온 게 신의 한 수였던 거야.

유 씨는 불가항력으로 가해자가 되어야 했을 뿐, 엄연한 피해자이기 때문에 법적으로 불기소 처분을 받고 처벌을 면하게 돼. 그러나 법은 법일 뿐이지. 사람들의 기억 속에서 지존파라는 이름이 희미해져 갈 무렵에도, 그녀는 자신의 손으로 사람을 죽였단 트라우마 때문에 무척 괴로워했대. 다른 이들처럼 평범한 삶을 살아가려고 결혼도 하고 많은 애를 썼지만, 번번이 그때의 악몽에 사로잡혀 힘든 시간을 보냈다는 거야.

요즘엔 어떻게 지내고 계실지…. 고 반장을 통해, 그녀와 어렵게 연락이 닿았는데, 몇 년 전 찾아온 암이 온몸 곳곳에 전이돼, 힘든 투병 생활을 하고 계시다고 해. 어쩌면 당시 살인 공장에서 겪었던 9일간의 일들이 28년이 지난 지금까지도 그녀의 몸과 마음에 남아 평생의 올가미가 된 것 아닐까. 하지만 그녀가 그때, 그 순간 용기를 내지 못했다면 어쩌면 더 많은 이들이 목숨을 잃었을 수도 있어. 억울하게 죽어간 이들도 영영 빛을 보지 못한 채, 어둠 속에 묻혀 있었을지도 모르는 일이야.

청년들은 왜 악마가 되었는가

당시 여론의 관심이 높았던 만큼, 이들의 재판도 속전속결로 진행됐어. 재판 결과, 지존파 여섯 명 모두 사형 판결을 받았지. 그리고 7개월 뒤, 모두 형장의 이슬로 사라졌어. 그런데 이들은 왜 사람들을 잔혹하게 납치·살해하는 괴물이 됐을까?

이들의 범행 목적은 너무 명확했어. 돈. 조직 강령에도 각자 10억을 모으자는 목표가 있었잖아. 10억을 모으기 위해 지존파가 얼마나 독하게 굴었는지 알아? 술과 담배도 다 끊고 끼니도 라면으로

법정에 들어서는 지존파 두목 김기환의 모습.

만 때우면서 극도로 절제된 생활을 했어. 윤 사장에게 8,000만 원을 뜯어내고도 장비 사는 것 외엔 한 푼도 안 썼다고 하니까, 그야말로 수단과 방법을 가리지 않고 경주마처럼 맹목적으로 10억을 모으기 위해 앞만 보고 달린 거지. 그때나 지금이나 돈이 없으면 큰소리 못 치는 세상이니까. 다들 "돈돈돈" 하면서 살고 있잖아. 부자나 가난한 사람이나.

근데 왜 하필 10억이었을까? 기억나? 2000년대 초 직장인들

사이에 10억 만들기 붐이 일어났잖아. "여러분, 부자 되세요" 하는 광고도 유행했었고. 과거엔 10억이 갖는 상징적인 의미가 있었어. 사실 지금에 와서는 10억이 서울 아파트 집 한 채 값도 안 되는 금액이잖아. 하지만 그 무렵엔 "10억이 있다"라고 하면 "월급에 얽매이지 않고 여유 있게 살 수 있다" 하는 인식이 있었지. 지존파에게도 10억이란 돈은 그런 의미였겠지. 어쩌면 이들이 10억 열풍의 원조일지도 모르겠네.

물론 맥락은 다르지만 지존파 사건이나, 성수대교 사건이나, 이듬해에 일어난 삼풍백화점 사건까지… 모두 다 돈과 성공만을 좇다가 벌어진 일들 아닌가 싶어. 어쩌면 지존파는 돈이 우상화된 시대에, 말 그대로 '시대가 낳은' 괴물이었던 것은 아닐까?

지옥도가 펼쳐져 있다!

수확의 풍요로움이 넘실대는 가을 들녘을 지나 분홍빛 순수함으로 둘러싸인 그곳에 숨어 있던 지하 살인 공장의 문이 마침내 열렸을 때 차마 믿고 싶지 않은 풍경 앞에서, 사람들은 그런 생각을 떠올렸으리라. '이곳이 지옥이다' 그리고 '이놈들은 악마다'.

지옥은 악마를 만들어내고 악마는 그 지옥의 어둡고 음습한 기운을 자양분 삼아 힘을 키울 것이다. 그리고 어느 순간 우리 앞에 그 날카로운 이빨을 드러낼 것이다. 누구도 피해갈 수 없는 이런 악마의 끔찍한 짓을 막기 위해 우리는 무엇을 해야 할까?

끊임없이 그것들을 추적하고 찾아내 응징하는 것도 물론 필요하겠지만, 지금도 세상 곳곳에서 악마를 만들어내고 있는 지옥의 그늘을 찾아내 계속 지워나가는 것, 그곳을 인간의 따뜻함으로 가득한 천국으로 만들어가는 것, 그래서 더 이상 악마가 마음껏 활개 치지 못하는 세상을 만들어가는 것…

어쩌면 그것이 더 중요한 그리고 근본적인 해결책이 아닐까 하는 생각을 해본다.

꼬리에 꼬리를 무는 그날 이야기
ⓒSBS 〈꼬리에 꼬리를 무는 그날 이야기〉 제작팀, 2021 Printed in Seoul, Korea

초판 1쇄 펴낸날 2021년 4월 20일
초판 16쇄 펴낸날 2024년 7월 22일

지은이	SBS 〈꼬리에 꼬리를 무는 그날 이야기〉 제작팀
펴낸이	한성봉
편집	최창문·이종석·오시경·권지연·이동현·김선형·전유경
콘텐츠제작	안상준
디자인	최세정
마케팅	박신용·오주형·박민지·이예지
경영지원	국지연·송인경
펴낸곳	도서출판 동아시아
등록	1998년 3월 5일 제1998-000243호
주소	서울시 중구 필동로8길 73 [예장동 1-42] 동아시아빌딩
페이스북	www.facebook.com/dongasiabooks
전자우편	dongasiabook@naver.com
블로그	blog.naver.com/dongasiabook
인스타그램	www.instargram.com/dongasiabook
전화	02) 757-9724, 5
팩스	02) 757-9726
ISBN	978-89-6262-368-0 03300

※ 잘못된 책은 구입하신 서점에서 바꿔드립니다.

만든 사람들

편집	최창문
기획	강은혜
크로스교열	안상준
표지디자인	김현중
본문디자인	안성진